Que faire si mon chat...

perd ses poils

fait ses griffes sur les meubles

refuse d'utiliser sa litière

mange les plantes

est agressif...

W0472227

Francesca Riccomini

SOLAR EDITIONS

Traduction : Macha Modie,
Delphine Nègre-Bouvet
Suivi éditorial : Else

Titre original : *What if my cat…*

ISBN : 978-2-263-06891-1
Code éditeur : S046891
Suite de la première édition
Dépôt légal : février 2016

Les réponses proposées dans ce livre sont spécialement adaptées et sans danger pour l'animal, mais les propriétaires doivent garder à l'esprit que chaque cas est unique.
Pour mieux assurer le bien-être de votre chat, consultez votre vétérinaire et un spécialiste du comportement animal, particulièrement s'il est malade, agressif ou gravement anxieux.
Pour faciliter la lecture, il a été décidé d'employer le nom masculin de l'animal, sauf lorsque le sujet concerne expressément les femelles. Cela n'implique nullement de préférence, et ne doit pas être interprété comme l'indice que chats ou chattes poseraient plus de problèmes les uns que les autres.

Remerciements

J'adresse mes remerciements sincères à tous ceux qui m'ont aidée et encouragée durant la rédaction de ce livre. Aux équipes éditoriale et de production qui ont contribué à créer ce projet et à lui donner corps. J'aimerais remercier également pour leur aide mes professeurs et les spécialistes en comportement qui m'ont orientée et encouragée, en me démontrant qu'il y a toujours à apprendre davantage dans ce domaine. Mes remerciements vont aussi à ma famille, qui m'a toujours soutenue, et à tous mes amis, qui ont eu la patience de lire les versions successives du livre et l'ont rendu plus lisible. Je remercie pour finir mon époux qui m'a entourée de son soutien sans faille durant mes recherches. Tu crois toujours en moi, je t'en remercie.

Dédicace :
À Sooty,
le chat le plus patient et agréable que j'aie à ce jour rencontré.

À propos des auteurs

Claire Arrowsmith a grandi dans les Hautes Terres d'Écosse parmi les animaux domestiques, d'élevage et sauvages qui lui ont inspiré sa passion et son intérêt pour tous les animaux, et surtout pour les chats et les chiens. Claire est membre titulaire de l'Association of Pet Behaviour Counsellors (APBC, Association de conseils en comportement d'animaux de compagnie) et tient ses propres consultations comportementales. Elle est diplômée en zoologie et est titulaire d'un Masters en sciences appliquées du comportement et du bien-être animal. Claire a travaillé dans la protection animale et avec l'association Hearing Dogs for Deaf People (Chiens entendants pour malentendants). Elle est aussi spécialiste en comportement animal pour Houndstar Films DVDs, qui produit des DVD de conseils sur les chats, les chiens et les petits animaux. Claire figure parmi les experts du magazine *Your Dog* qui publie des réponses aux questions des lecteurs et organise régulièrement des conférences et des ateliers sur les problèmes des animaux de compagnie.

Francesca Riccomini a fait ses études au Royal Veterinary College de l'université de Londres, et a longtemps exercé comme vétérinaire spécialiste des petits animaux avant d'obtenir un diplôme de conseil en comportement des animaux de compagnie à l'université de Southampton et de se spécialiser en médecine comportementale. Elle est spécialiste certifiée en clinique comportementale animale, membre de la liste d'experts en comportement du Feline Advisory Bureau's (FAB, Bureau de conseil pour les félins) et membre titulaire de l'Association of Pet Behaviour Counsellors (APBC, Association de conseils en comportement des animaux de compagnie) dont elle a été vétérinaire déléguée. Francesca est co-auteur du premier livre du FAB consacré à la Cat Friendly Practice, (Amis des chats : mode d'emploi) et a récemment publié *Essential Cattitude, an insight into the feline world* (La « chat-attitude » : une échappée dans le monde des félins). Par ailleurs, elle écrit des articles consacrés au comportement des animaux de compagnie pour de nombreuses publications, dont des journaux et des magazines de vétérinaires. Elle conseille aussi les lecteurs sur ces questions pour le magazine *Your Cat*. Participant régulièrement à des séminaires et des conférences, partie de son travail que Francesca juge particulièrement gratifiante, elle est fermement convaincue que le comportement animal et les problèmes qui s'y rattachent ont une importance décisive à la fois pour les questions vétérinaires et pour les propriétaires d'animaux de compagnie. Les nombreux chiens et chats qu'elle a secourus au fil des années ont enrichi la vie de Francesca, et même si elle est actuellement sans animal familier et apprécie cette liberté, elle attend avec beaucoup d'impatience son prochain compagnon.

SOMMAIRE

PARTIE 2

PROBLÈMES ET ACCIDENTS DANS LA MAISON

Et si mon chat...

PARTIE 3

PROBLÈMES ET ACCIDENTS EN SOCIÉTÉ

Et si mon chat…

PARTIE 4

PROBLÈMES À L'EXTÉRIEUR DE LA MAISON Pages 98-115

Et si mon chat…

PARTIE 5

PRÉVENTION ET TRAITEMENT DES MALADIES Pages 116-149

Et si mon chat…

PARTIE 6

LE CHAT ÂGÉ

Et si mon chat...

Introduction

Ce livre vise à améliorer à la fois la vie des propriétaires et celle de leurs chats. Comprendre l'histoire et le développement comportemental de votre chat vous aidera à découvrir ce qui le motive. Cela devrait vous permettre d'améliorer votre savoir-faire, d'identifier et de corriger vos erreurs. Vous serez alors en mesure de mieux comprendre ce dont votre chat a besoin pour jouir d'une existence heureuse. Que vous choyiez votre chat depuis son plus jeune âge ou que vous ayiez recueilli chez vous un chat perdu ou en danger, j'espère que les informations de ce livre vous aideront à vivre à ses côtés de manière pacifique et amicale.

Le livre est divisé en six parties consacrées aux sujets suivants : comprendre l'histoire et le développement de votre chat ; problèmes et accidents dans la maison ; difficultés sociales ; problèmes et accidents à l'extérieur ou dans de nouveaux lieux ; prévention et traitement des maladies ; le chat âgé. Les parties sont organisées autour d'une série de « Et si mon chat... » qui vous permet d'accéder rapidement aux informations utiles pour résoudre la question qui vous préoccupe. L'index et les renvois dans le corps du texte vous permettent de chercher des informations complémentaires concernant le même sujet. Vous y trouverez des explications sur tel comportement particulier de votre chat, sur les diverses causes possibles de ses problèmes, et sur les moyens d'y remédier. Vous y découvrirez aussi comment anticiper l'apparition de ces problèmes, la prévention des comportements inadaptés restant toujours la solution idéale.

J'espère que les informations contenues dans ce livre vous seront utiles, soit en vous apportant des connaissances intéressantes, soit en vous aidant à contrôler et à résoudre tel ou tel problème. J'espère aussi que les chats partageant votre compagnie en auront une vie meilleure et plus accomplie, et que les êtres humains que nous sommes pourront continuer à partager leur vie avec eux en mesurant mieux leurs qualités.

Claire Arrowsmith

COMPRENDRE SON CHAT, SON RÔLE, SON HISTOIRE ET SON DÉVELOPPEMENT

PARTIE 1

Et si mon chat... ?

POSSÉDER UN CHAT

La possession d'un chat apporte le plaisir d'une compagnie et tous les bienfaits de la vie avec un animal. À première vue, avoir un chat est chose facile : il n'y a pas à le sortir, à le placer en dressage, l'animal est petit et peut être laissé seul à la maison pendant que l'on travaille. Son caractère indépendant s'adapte parfaitement à ceux d'entre nous qui ont une vie de famille et des horaires de travail exigeants.

Ci-dessous : *Les chats sont plus sociables qu'on ne croit et peuvent partager des relations étonnamment chaleureuses avec leurs compagnons humains.*

Avoir un chat apporte de nombreux bienfaits. S'il est heureux, le caresser fait baisser la pression sanguine et favorise la relaxation. Sa compagnie est bénéfique pour les personnes âgées et les gens isolés qui, sans eux, connaîtraient de longues périodes de solitude. Il est également démontré que les gens vivent plus longtemps quand ils possèdent des animaux familiers durant de longues périodes.

Mais il arrive parfois que les choses tournent mal et que les relations entre le chat et son propriétaire se détériorent. Le propriétaire doit alors comprendre ce que son comportement a de ***normal*** ou d'***anormal***, et identifier les signaux émis par l'animal en vue de détecter ou de prévenir des problèmes de comportement ou de santé.

Les chats sont très différents des humains et ***nous ne devons pas*** tenter de leur appliquer des méthodes seulement parce qu'elles sont efficaces pour les maladies humaines, ou parce qu'elles correspondent à la manière dont nous élevons nos enfants ou à nos relations entre humains.

RÉSOUDRE LES PROBLÈMES DES CHATS

Vivre avec un chat peut être extrêmement gratifiant mais quand surviennent les difficultés, les bienfaits de sa possession peuvent sembler dérisoires en comparaison des désagréments ou des dégâts provoqués. Les problèmes résultent souvent du conflit entre les instincts normaux du félin et les limites de comportement que nous autres humains jugeons acceptables. L'incapacité de

À droite : *On attend souvent des chats qu'ils adaptent leur comportement à celui de leur propriétaire.*

Ci-dessous : *L'examen régulier et les conseils de votre vétérinaire vous aideront à mieux distinguer problèmes de santé et problèmes de comportement.*

votre chat à exprimer la plénitude de ses instincts félins est souvent la source même de ces problèmes.

Ces derniers doivent être traités aussitôt que possible pour réunir toutes les chances d'issue favorable. Les laisser se résoudre d'eux-mêmes aboutit souvent à compliquer les situations et finalement à rompre la relation que vous aurez établie avec votre animal. Ceci est à l'origine, chaque année, d'un nombre regrettablement élevé d'abandons…

Chez le chat, l'anxiété et le stress sont souvent les causes de problèmes comportementaux, il faut donc y remédier le plus rapidement possible. La punition est souvent la première des réponses auxquelles vous aurez recours. Mais cela surprend, déroute l'animal. Bien souvent, cela aboutit à accroître les difficultés plutôt qu'à les résoudre. Traiter les difficultés correctement dès leur apparition peut éviter beaucoup de stress et limiter les dégâts causés dans la maison. Et cela peut permettre au chat de rester chez vous plutôt que d'être placé dans un refuge ; cela peut finalement lui sauver la vie.

Demandez conseil à votre vétérinaire, il examinera la santé de votre chat. Il est absolument nécessaire de traiter toute maladie avant d'entreprendre un programme comportemental. Chez le chat, les problèmes de santé peuvent présenter un éventail de symptômes d'une étendue surprenante, comme vous l'apprendrez dans la partie 5.

Que faire si mon chat…? répond aux questions les plus fréquentes. Patience et compréhension seront requises pour remédier à chacune des difficultés que vous pourrez rencontrer, mais la compagnie de votre chat et le plaisir que vous tirerez de partager votre vie avec un animal heureux vous récompenseront de ces efforts.

Ce livre vous indiquera aussi les circonstances réclamant que vous recouriez à ***l'expertise d'un vétérinaire ou d'un spécialiste du comportement animal***, car certains problèmes de santé ou de comportement exigent des consultations et des soins d'urgence.

CHOISIR SON CHAT

Le chat est aujourd'hui l'animal de compagnie le plus répandu. Son choix est u moment excitant et il est important de trouver le compagnon adapté. Il vou faudra examiner l'environnement où vous vivez : est-il calme ou agité ? Avez vous des enfants en bas âge ou d'autres animaux ? Cela devrait influencer l type et le caractère du chat que vous choisirez. Un chat tranquille et timide aur du mal à cohabiter avec des enfants turbulents, des chats ronchons ou de chiens remuants. Réfléchissez aussi à la compatibilité de votre habitat avec l mode de vie d'un félin. Envisagez de façon réaliste et honnête la manière dor vous réagirez aux poils de chat, au nettoyage de litière et à tous les petits détail du quotidien. L'espérance de vie des chats est d'environ 16 ans, certains viver plus longtemps, prenez par conséquent ***le temps voulu*** pour vous décider. U chat a besoin d'un foyer stable et aimant pour toute la durée de sa vie.

On peut acquérir un chat dans de multiples endroits. Il est triste d constater que les refuges en sont pleins : commencez donc vos recherches e les visitant. Il y a chaque année des milliers de chats à adopter. Les animau âgés et au pelage sombre ont plus de mal que les autres à trouver un nouvea foyer. Allez rendre visite au refuge proche de chez vous et prenez l temps de voir s'il n'abrite pas un chat qui vous conviendrait comm compagnon. Souvenez-vous que, dans l'environnement du refuge, l chat sera stressé, il ne se présentera peut-être pas sous son meilleu jour, il aura tendance à se tenir au fond de l'enclos. Mais une fois che vous, il pourra révéler un caractère remarquable. Ne laissez pourtar pas vos émotions dominer vos réflexions au moment de la décision il vous faut un chat qui convient à votre genre de vie.

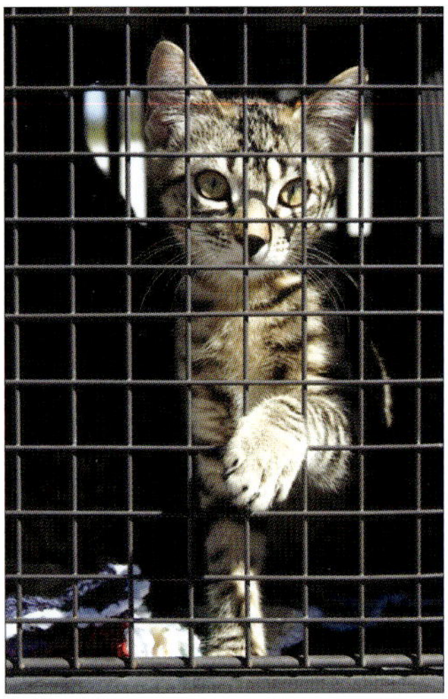

Ci-dessus : *On trouve dans les refuges des chats de tous âges, couleurs et caractéristiques.*

Si vous avez fait le choix d'acquérir un chat ou un chaton dor le passé est connu, votre vétérinaire ou vos amis peuvent aussi vou indiquer des adultes ou des portées en quête d'un nouveau foyer. n'est pas conseillé d'acheter l'animal dans une animalerie ou sur u marché car vous n'aurez pas d'informations sur sa santé ou celle d sa mère, les conditions de vie dans lesquelles il est né. Achete dans ce type de lieu ne fait qu'enrichir les vendeurs et les encourag à agrandir leur surface commerciale.

Prévoyez la nourriture à acheter, le panier, les accessoires d toilettage, les jouets, etc., tout en vous assurant que votre domicil et votre jardin sont sûrs, débarrassés de toute plante ou obje dangereux (voir « Et si... ? » n° 139). Procurez-vous également l'adresse d vétérinaire le plus proche et consultez-le sur les vaccinations, le vermifugeages et déparasitages réguliers. Les chats bénéficient généralemer d'un suivi sanitaire moins régulier que les chiens et sont trop souvent amené chez le vétérinaire à des stades de maladie avancés.

Chats à pedigree

Si vous avez jeté votre dévolu sur un chat à pedigree, assurez-vous que c'es la race que vous recherchez, renseignez-vous sur ses caractéristique comportementales et ses exigences. Vous devrez également vous informe des conditions sanitaires caractéristiques de la race en question afin d'être s

Siamois.

Chat noir à poil court.

d'avoir une lignée vigoureuse. Si vous ne pouvez supporter un chasseur perpétuel et souhaitez un animal calme, certaines races vous conviendront mieux que d'autres. La visite des expositions félines vous permettra d'approcher différentes races et de discuter de leurs caractéristiques. Accordez tout le temps voulu à cette recherche et privilégiez les réputations assurées. Ne vous offensez pas si un éleveur vous interroge sur votre domicile, vos habitudes de vie et votre expérience des chats. Un bon éleveur sera toujours soucieux de garantir à ses chatons l'adoption dans des foyers parfaits...

La couleur importe-t-elle ? On est facilement influencé par l'apparence d'un chat, mais il faut toujours considérer en premier lieu son caractère et sa capacité à devenir un animal de compagnie. Quelques mythes sur la couleur des chats peuvent être troublants. On pense souvent que la couleur du pelage est liée à des caractéristiques diverses mais il n'y a pas de règles absolues et il est plus important de choisir un chat bien socialisé et vigoureux. Les chats tabby et écaille de tortue sont plutôt des variations de couleurs de pelage que des races réelles. Les chats écaille de tortue sont pour la plupart femelles mais il y a aussi des mâles, quoique habituellement stériles. À l'inverse, les chats roux sont généralement mâles, mais il peut aussi y avoir des femelles. Ne vous laissez pas abuser en payant cher pour ces types car ils ne sont ni plus rares ni plus précieux que les autres chats domestiques.

Les chats blancs aux yeux bleus sont généralement sourds, sauf dans le cas des birmans et des siamois. Les chats à la robe claire peuvent être plus gravement atteints par le rayonnement solaire que les animaux plus foncés ; vous devez le savoir, limitez leur exposition au soleil ou appliquez-leur des écrans solaires pour chat durant l'été. De nombreuses superstitions assurent que les chats noirs portent bonheur. Les scientifiques ont découvert que le gène noir pourrait être celui de la chance dans la mesure où il serait lié à de meilleures défenses contre les infections.

À gauche : *Plus que la couleur, c'est la personnalité de votre chat à laquelle vous devez être attentif.*

HISTOIRE DES FÉLINS

Ci-dessous : *Même le chat à pedigree le plus sophistiqué garde des comportements ancestraux.*

Le chat appartient à la famille des *Felidae*. Il existe aujourd'hui 37 espèces de chats. Ils se sont acclimatés et ont évolué sur tous les continents sauf l'Antarctique, montrant leurs grandes capacités d'adaptation.

C'est pour tenter de contrôler la prolifération des nuisibles qui dévastaient leurs cultures que les premiers villageois ont attiré des petits chats dans leurs campements. Quand les gens eurent mesuré les bienfaits des chats, ils se mirent à la recherche de chatons pour les garder chez eux. Les chats y gagnèrent un abri et une alimentation abondante tandis que les humains bénéficiaient de la prévention des maladies et de la compagnie de l'animal. Cette cohabitation s'est poursuivie à travers les siècles et a peu changé depuis lors. Le chat domestique garde des ressemblances frappantes avec le chat sauvage parce que les humains ne sont intervenus que récemment en contrôlant les naissances et en limitant les sorties et par conséquent les possibilités d'accouplement. Auparavant, chats sauvages et domestiques s'accouplaient sans entrave et assuraient la libre circulation des gènes entre ces populations.

À droite : *L'espèce* Felis silvestris *est vaste et inclut le chat sauvage africain* (F. s. lybica) *qui semble avoir été le mieux adapté à la domestication par l'homme. La sélection humaine des couleurs et des « types » a abouti au vaste éventail de chats qu'on connaît aujourd'hui.*

L'archéologie nous apprend que le chat vivait auprès des humains il y a 9 500 ans. Des indices ADN suggèrent que le chat domestique s'est écarté de ses ancêtres, plus grands, voilà environ 13 000 ans. L'origine précise de notre chat domestique, *Felis silvestris catus*, a été largement débattue mais des analyses ADN récentes montrent qu'il a bien une origine proche-orientale. On estime que le plus proche parent sauvage du chat domestique est le chat sauvage africain (*Felis silvestris lybica*).

Ainsi, le chat de compagnie garde des ressemblances notables avec ses cousins sauvages. Le savoir peut vous permettre de développer un respect salutaire pour l'animal, ses capacités et ses réactions.

SOCIABILITÉ DES CHATS

Le chat diffère du chien qui vit au sein de groupes sociaux où les individus s'appuient les uns sur les autres pour la chasse et la défense. Le chat, lui, a évolué en chasseur solitaire et s'est habitué à vivre seul. Il ne travaille pas en groupe, il lui est donc difficile de suivre les règles des humains. En bref, un chat reste dans un groupe ***s'il*** sent qu'il en retire quelque chose de positif. S

Ci-contre : *L'évolution des divers types de chat de petite taille a donné un chasseur solitaire accompli. Il prend pour proies de petits animaux faciles à capturer sans le secours d'une horde. Comparé aux humains ou aux chiens, le comportement du chat peut sembler peu sociable. En fait, ses besoins sociaux sont totalement différents.*

ce n'est pas le cas, il choisit simplement de ne pas y participer. C'est pourquoi les méthodes de dressage utilisées pour modifier le comportement des chiens n'ont aucun effet sur le chat car il a moins le désir d'obéir pour faire partie de la horde. S'il se sent mal à l'aise, il revient à la vie solitaire et il peut marquer son désaccord en urinant ou en adoptant un comportement désagréable.

Sa préférence pour la vie individualiste ne veut pas dire qu'il n'est pas sociable : il l'est, mais différemment. La complexité de la vie sociale des chats vous décontenancera peut-être. La vérité est que les règles sociales des chats varient selon ce qu'ils sont en train de faire, la manière dont ils ont grandi et les possibilités que leur offre leur environnement. Votre chat peut cohabiter chez vous avec d'autres chats, mais ils n'appartiendront pas tous forcément au même « groupe social ».

Ci-dessous : *Les groupes naturels de chats rassemblent souvent des femelles apparentées qui peuvent s'entraider pour l'élevage de leurs chatons. Cela profite au groupe en garantissant aux chatons de meilleures chances de survie.*

Chez les chats sauvages, les mâles en âge de se reproduire vivent souvent seuls ou font partie d'un groupe de mâles. Généralement, un seul mâle reproducteur est associé à chaque groupe de femelles. ***Les femelles issues d'une même mère*** vivent souvent ensemble. Elles s'entraident pour élever les chatons, partagent le toilettage et la chasse. Ces structures sociales naturelles peuvent vous aider à organiser des groupes et à comprendre les conflits qui y naissent.

LES SENS ET LA CONFORMATION PHYSIQUE

Tous les membres de la famille des félins offrent des caractéristique étonnantes qui en font des carnivores parfaits. Le chat sait contrôle précisément ses mouvements ce qui, avec ses sens extraordinairemen adaptés, fait de lui un prédateur très efficace. Il est pratiquement impossible à un humain de se représenter les perceptions des chats car les félins on des sens très différents des nôtres.

L'odorat joue un rôle décisif chez le chat et lui permet de reconnaître les limites d'un territoire, d'identifier les membres d'un groupe, de vérifier la fraîcheur de ses aliments et de trouver des partenaires. ***L'odorat est vita*** pour le chat et son importance apparaît quand on examine un animal qui a perdu ce sens à cause d'un virus ou autre. Souvent, il perd l'appétit, ne se toilette plus comme d'habitude et est moins en recherche d'un partenaire pour s'accoupler. Certains spécialistes disent du chat qu'il « vit dans un nuage de senteurs » fonctionnant comme des signaux, influençant ses émotions et se substituant même à ses repères visuels.

La vision du chat est celle d'un chasseur. Elle porte loin, et le cha s'appuie probablement davantage sur ce que lui apprennent ses vibrisses et son odorat pour le repérage et le mouvement de près. Il es très sensible aux mouvements rapides à l'horizontale et c'est ce qui lu permet de cibler ses proies en mouvement. Il n'a pas besoin du spectre des couleurs pour les détecter.

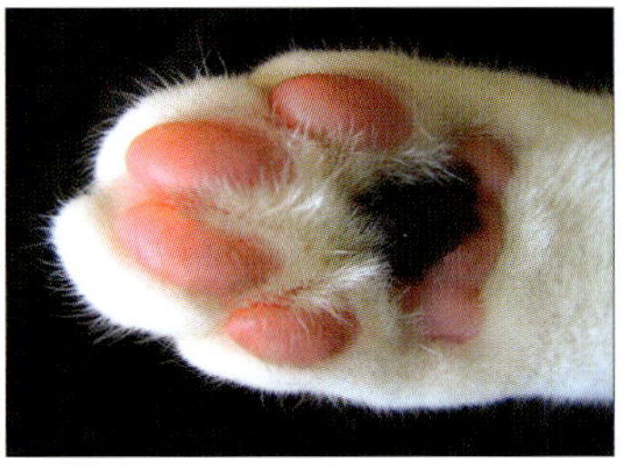

À droite : *Les patins, surtout ceux des pattes antérieures, sont extrêmement sensibles au toucher et permettent à l'animal de chasser avec une grande précision.*

Le toucher est très développé, spécialement celui du nez et des patins grâce auxquels il manipule ses proies. Cela lui permet de compenser la faiblesse de sa vue de près.

L'ouïe est fine et capable de percevoir une gamme de fréquences imperceptible à l'oreille humaine. Le chat peut réellement entendre les fréquences que les petits rongeurs utilisent pour communiquer, ce qui fait de lui un parfai prédateur. Il perçoit aussi les fréquences de la voix humaine, ce qui le dispose particulièrement à la vie domestique.

Capacités physiques

Les chats à queue sont renommés pour leur sens étonnant de l'équilibre. Ils analysent les informations à une vitesse surprenante et ajustent facilement leu position quand ils jouent ou visitent leur territoire. Observez comment votre chat utilise sa queue comme contrepoids, vous serez surpris.

Les vibrisses de votre chat jouent un rôle très important en lui fournissan des informations sur son environnement immédiat et en lui permettant de se déplacer avec précision même dans l'obscurité. Elles sont disposées en lignes sur la face et la tête, et parfois même à l'arrière des pattes antérieures. Les vibrisses sont décisives pour le repérage du chat dans l'espace, et très sensibles car connectées à de nombreuses terminaisons nerveuses. Il ne fau en aucun cas les couper ou jouer avec.

Ci-dessus : *Les griffes, constituées de peau durcie plus que d'os, sont naturellement rentrées au repos.*

Ci-contre en haut et à gauche : *La détection des odeurs est décisive pour les relations sociales du chat, et sa vue, excellente quand la luminosité est réduite, en fait un prédateur parfait.*

Ci-dessus : *Les vibrisses informent l'animal sur son entourage immédiat.*

À gauche : *La position de la queue indique l'humeur de l'animal. Elle aide aussi à son équilibre.*

Communication

Le spectre vocal du chat va du ronronnement apaisant aux hurlements les plus perçants.

Voix Le chat dispose d'un répertoire étonnant de signes vocaux pour marquer ses désirs. On en a repéré environ 16. Chaque chat développe son répertoire selon son expérience et ses goûts. La plupart de ces sons sert à communiquer ses intentions à un autre individu situé à proximité. Mais le chat est aussi capable de se manifester à longue distance en miaulant ou en hurlant quand il s'agit de s'accoupler ou de défendre son territoire !

On ne connaît pas encore complètement l'origine du ronronnement. On estime qu'il est provoqué par le passage de l'air sur les fausses cordes vocales de l'animal. Il peut modifier l'intensité de son ronronnement selon la situation et la manière dont il y répond. Le ronronnement apparaît très précocement et permet au chaton d'indiquer à sa mère que tout va bien. Le chaton pouvant ronronner en permanence pendant qu'il tète, c'est un moyen de communication idéal. La mère ronronne aussi en revenant vers ses petits pour leur signaler sa présence et les apaiser. En grandissant, le chaton apprend à produire d'autres types de son. On a observé que les chatons sourds restent capables d'émettre toute la gamme des sons des chatons alors même qu'ils ne les ont jamais entendus.

Comprendre le langage gestuel de son chat

Postures et émotions Observer les postures corporelles du chat vous permettra de mieux comprendre ce qu'il ressent et de mieux répondre à ce qu'il exprime. Il faut en principe remarquer plusieurs signes simultanés pour pouvoir déterminer une émotion précise. Néanmoins les oreilles, les vibrisses et la queue livrent des signaux que vous pouvez déjà relever.

Oreilles Les oreilles du chat sont étonnamment mobiles et leur position est très significative de ce que ressent votre animal. Les positions décrites ci-dessous livrent des indications sommaires sur les émotions de votre chat ; c'est seulement l'observation d'autres comportements simultanés qui vous renseignera plus précisément sur sa réelle situation émotive.

Dressées en avant	Le chat est calme
Dressées en arrière	Le chat est anxieux
Aplaties en arrière	Le chat est apeuré
Aplaties sur les côtés	Le chat est apeuré et agressif
Dressées mais orientées de côté	Le chat est en colère et peut se montrer agressif

À droite : *Chez ce chat, l'orientation des yeux, des oreilles et des vibrisses indique ce qui attire son intérêt. Sa queue, enroulée autour de son corps, marque le calme de ses émotions.*

Vibrisses
Elles jouent un rôle important et votre chat les déploie en fonction de son activité et de ses émotions.

Ci-dessous : *La croupe élevée, la queue hérissée et les oreilles rabattues indiquent la tension à l'approche d'un congénère.*

Vibrisses déployées directement, position naturelle	Chat satisfait et heureux
Vibrisses aplaties sur la face	Possible sentiment de menace ou disposition agressive
Vibrisses déployées vers l'avant	Si quelque chose l'intéresse, les vibrisses l'informent sur l'objet

Queue La queue sert aussi à exprimer des émotions, que peut ainsi « lire » le propriétaire du chat.

Ci-dessous : *Dos arqué, poil hérissé, dents montrées et queue basse soulignent les postures de défense et d'attaque.*

Queue dressée quand le chat approche	Signe d'accueil amical envers les humains qu'il a reconnus
Extrémité de la queue agitée	Signe qu'il est fâché
Agitation vigoureuse	Chat hésitant ou prêt au combat
Queue basse et croupe hérissée	S'observent lors d'une rencontre agressive avec un autre chat
Queue hérissée mais basse	Le chat est apeuré
Queue hérissée et arquée avec le dos arqué	Le chat hésite entre l'attaque, la défense ou la fuite, il se peut qu'il attaque
Queue au repos autour du corps	Chat heureux et satisfait
Queue serrée autour du corps	Chat nerveux et sur la défensive
Queue entièrement repliée sous le corps	Signe de soumission marquant sa défaite après une bataille

LES ÉTAPES DE LA VIE

Mères chattes et chatons

Lorsqu'elle attend des petits, la chatte domestique cherche un endroit sûr où mettre au monde sa portée. Elle ne fait pas réellement de nid mais s'efforce de trouver un lieu sec et calme où ses chatons seront à l'abri des prédateurs. La gestation dure environ 63 jours. Dans un groupe, d'autres femelles apparentées peuvent aider à l'élevage des chatons.

Si l'on élève des chats, il est important de choisir des parents au caractère équilibré car cela influera probablement sur le tempérament des chatons. La familiarité du chaton avec les humains lui vient de son père alors que ses apprentissages précoces lui viennent évidemment de sa mère. De plus, la socialisation s'associe aux caractères hérités pour composer le tempérament final.

La mère chatte est habituellement capable de nourrir ses chatons mais l'éleveur doit s'assurer de leur développement et veiller à ce qu'ils tètent bien, aient de bons réflexes et montrent une bonne condition physique.

Croissance des chatons

À la naissance, le chaton est aveugle et totalement dépendant de sa mère et des autres femelles du groupe qui veillent sur lui. Ses yeux s'ouvrent entre deux jours et deux semaines et demie après la naissance.

À environ trois semaines, le chaton est prêt à recevoir de sa mère les premiers apprentissages de la vie. C'est en l'observant qu'il apprend car il ne peut s'éloigner beaucoup du « nid » avant quatre semaines. Ses premières leçons portent sur les comportements de prédation. Au cours des semaines qui suivent, le chaton continue à observer sa mère et à cinq semaines, il déploie ses propres instincts de prédateur.

Ci-dessus : *Une chatte prend la position adaptée pour nourrir ses petits.*

À droite : *La mère veille sur ses petits et s'assure qu'ils ne s'éloignent pas trop. Elle réagit à l'appel de détresse du chaton en allant le chercher et en le ramenant au nid.*

Les relations et les jeux avec les autres commencent à quatre semaines et le chaton continue à développer ces aptitudes jusqu'à douze semaines environ. Plus un chaton a d'expériences durant ces premières semaines, mieux il pourra affronter les changements à venir et les relations nouvelles. L'éleveur joue un rôle décisif en permettant au chaton d'expérimenter un large éventail de rencontres et d'environnements tout en veillant à ce qu'il grandisse et se développe normalement. ***L'adolescence*** survient très vite chez le chat domestique. La femelle peut être fécondée dès l'âge de quatre mois, selon son état physique et les conditions dans lesquelles elle a été élevée. Les mâles peuvent commencer à s'accoupler efficacement entre cinq et dix mois. C'est pourquoi la stérilisation précoce ou la liberté surveillée sont essentielles pour prévenir des naissances indésirables.

SOCIALISATION

Ci-dessus : *De nombreuses séances agréables avec des enfants en bas âge prépareront le chaton à devenir un adulte sociable.*

Pour qu'un chat s'adapte bien à une famille d'accueil, il faut qu'il ait eu des expériences positives dans sa vie de chaton. Ces expériences relèvent de ce qu'on appelle la « socialisation ». Les réactions du chat adulte à de nouvelles expériences dépendent aussi du nombre et de la variété d'environnements rencontrés durant les sept premières semaines. Les spécialistes nomment cela « formation d'habitus » ou familiarisation.

Le moment décisif de la socialisation intervient vraiment très tôt chez le chaton, ***entre deux et sept semaines*** après la naissance. On appelle ce moment la « ***période sensible*** » du développement. Une mauvaise socialisation aura pour effet des réactions de peur. Habituer le chaton à la présence humaine et multiplier ses expériences est décisif durant cette période. Au cours de ces semaines, le chaton ne doit pas affronter de moments traumatisants. Il faut veiller à le prendre délicatement, il ne faut pas le mettre en contact brutal avec d'autres animaux de la maison.

Plus on prend gentiment un chaton dans ses bras, plus il aura, plus tard, confiance en société. Un chaton né et élevé dans une grange ou une remise aura tendance à avoir peur des gens, alors qu'élevé dans un foyer plein d'activité, il aura des contacts humains fréquents et développera sans doute de bonnes aptitudes sociales.

Si votre chaton n'a pas été mis en contact avec des humains durant ses premières semaines, il gardera très probablement un tempérament nerveux. Les liens qu'établit un chaton avec ses nouveaux propriétaires sont ceux qu'il aurait avec ses parents. Il associera aussi son propriétaire aux ressources qu'il lui fournit (nourriture, protection), et il en concevra un solide attachement.

Si le jeune chat a subi des traitements médicaux qui l'ont traumatisé, jouez beaucoup avec lui pour réduire son anxiété.

La socialisation doit être poursuivie jusqu'à la maturité du chat. La première année donne de bonnes indications sur le tempérament du chat adulte, mais il faut toujours se souvenir que s'il passe des années sans contact humain, il ne sera pas forcément calme et détendu quand il y sera de nouveau confronté.

À droite : *Le dos arqué et la queue hérissée du chaton sont une mise en garde adressée au nouveau compagnon. Si le chien est calme et contrôlé par son propriétaire, des rencontres prudentes et régulières mettront peu à peu le chaton en confiance et déboucheront sur une cohabitation calme et pacifique.*

ÉDUQUER SON CHAT

Ci-dessous : *Récompensez les comportements souhaitables de votre chat, ainsi il aura tendance à les reproduire.*

On continue toujours à penser que le chat ne peut être éduqué. Pourtant, il est capable d'apprendre et de faire des associations positives ou négatives avec des circonstances ou des gestes, ce qui implique que son comportement ***peut être*** infléchi ou modifié. La plupart des propriétaires éduquent leur chat de façon élémentaire en l'appelant et en lui offrant de la nourriture ou une caresse quand il arrive. L'éducation du chat la plus efficace est celle qui recourt à la ***récompense***.

Récompenses

Pour récompenser votre chat vous devez choisir quelque chose dont ***il*** raffole. La plupart du temps, il s'agit de nourriture à son goût, de caresses ou de jeux avec ses jouets favoris. Comme vous êtes la personne qui le connaît le mieux, vous êtes la mieux placée pour comprendre ses désirs. Si vous hésitez, essayez diverses solutions mais en vous préparant à diversifier le type de récompense selon les variations d'humeur de votre chat. Les chats apprécient la variété de ce qu'on leur enseigne ***et*** des récompenses, vous devez en tenir compte.

Il faut bien choisir le moment de la récompense pour progresser dans l'éducation du chat. Cela implique d'avoir la récompense en main lorsqu'il accomplit l'action désirée. S'il doit l'attendre trop longtemps (plus de quelques secondes) il ne comprendra pas et son intérêt disparaîtra. Caresses et compliments constituent aussi des récompenses efficaces. Mais assurez-vous que votre chat aime être caressé car vous pourriez au contraire le décourager.

Tout compliment, caresse ou récompense encouragera le chat à répéter le comportement qu'il vient d'avoir. Il faut donc veiller à ne pas les lui offrir en cas de comportement indésirable : par exemple, il faut éviter de caresser ou de nourrir le chat qui quémande en miaulant (sauf si vous aimez ce bruit, pour vous-même ***et*** vos voisins !).

Punitions

Punir signifie recourir à quelque chose qui provoque l'aversion (ce que déteste le chat) ou à la privation de quelque chose qu'il aime. Il faut être extrêmement attentif quand on cherche à punir un chat. Certains se laissent aller à crier contre l'animal qu'ils voient commettre une mauvaise action. Un cri bref, qui n'est pas l'idéal, peut en effet interrompre l'action dans son déroulement mais crier ***après*** l'achèvement de l'action est totalement inefficace.

À droite : *Il est essentiel de choisir le moment exact pour interrompre un comportement indésirable. Le but est de surprendre momentanément votre chat,* ***non*** *de le terrifier.*

Il ne faut ***jamais*** frapper un chat. Cela le stressera et le rendra peureux. Aucune punition ou privation ne devrait vous être associée. Le chat doit croire que c'est sa propre action qui a provoqué la venue spontanée d'un événement désagréable.

La « punition » la plus efficace chez le chat est l'interruption soudaine. Quelque chose qui se produit brusquement quand le chat se livre à une action particulière va le surprendre ou interrompre son action. Il ne doit pas faire le lien avec vous car il est important qu'il se sente toujours à l'aise et confiant envers vous. Parmi les exemples à suivre, un bruit soudain, quelque chose qui roule près de lui (mais choisissez toujours un objet sans danger pour lui, comme une balle, et ne le lancez jamais sur lui), une brusque échappée d'eau ou un sifflement d'air comprimé. Ne menacez jamais votre chat avec un pistolet à eau ou un autre accessoire, il cesserait alors d'avoir confiance en vous. De plus, il pourrait reproduire ce comportement indésirable dès que vous vous absenterez.

Récompensez votre chat dès qu'il a eu un comportement souhaitable. Les interruptions doivent survenir immédiatement et il doit pouvoir facilement les relier avec son activité. Ne le punissez jamais une fois la mauvaise action accomplie. Si vous avez raté le bon moment, il est trop tard pour agir.

Ci-dessous : *Un aliment de choix donné en petites quantités sera une récompense irrésistible.*

Ci-dessus : *Une balle souple* ***peut*** *être efficace pour interrompre les comportements indésirables mais il faut seulement l'employer quand on a essayé auparavant d'autres méthodes d'apprentissage et de dressage.*

Matériel Plusieurs produits peuvent être utilisés pour interrompre efficacement les comportements indésirables. Les bombes d'air comprimé (comme celles qui servent à nettoyer les appareils photo ou les claviers d'ordinateur) émettent un sifflement auquel le chat répondra aussitôt. Bien sûr il ne faut jamais les diriger sur le chat, c'est le bruit lui-même qui stoppe le comportement. Il existe des produits à télécommande qui émettent un jet ou un son. L'avantage de ces produits est que vous pouvez rester hors de la vue du chat et ainsi ne pas être associé à l'événement désagréable. Si ces produits peuvent être utiles dans certaines situations, il est toujours préférable de discuter de ces solutions avec votre comportementaliste pour éviter d'aggraver des problèmes d'anxiété. Vous devez d'abord traiter la raison du comportement indésirable.

Privation d'une chose agréable Une autre solution consiste à retirer à votre chat quelque chose qu'il aime quand il a un comportement qui vous déplaît. La meilleure méthode est de cesser de le caresser et de ne lui porter aucune attention. Évitez de le flatter ou de le rassurer quand il se comporte mal.

Ci-dessus : *Certains comportements indésirables peuvent être interrompus par le sifflement d'une bombe d'air comprimé. Il ne faut pas y recourir en cas de problèmes liés à la peur ou à l'anxiété. La bombe doit être dissimulée et en aucun cas utilisée pour menacer ou éloigner l'animal.*

Exclusion Cela consiste à éloigner le chat de votre présence. Ce moyen est utile lorsque le chat continue à solliciter l'attention, répète l'acte non désiré ou est trop tendu pour que vous interveniez. Cela l'aide à se calmer tout en vous permettant de vous détendre et de réfléchir à nouveau au traitement du problème. Il y a des chats qu'on peut soulever et mettre hors de la pièce, et d'autres qu'il faut pousser vers la porte avec une couverture ou un coussin lorsque son degré d'excitation fait craindre le risque d'une morsure ou d'une griffure. Il est parfois préférable que le propriétaire quitte la pièce.

Ci-dessous : *Votre chat appréciera probablement d'être caressé et câliné en récompense, mais vous devrez faire attention en cherchant à le flatter après une période de surexcitation.*

RÉCOMPENSES

- Récompensez toujours le bon comportement immédiatement
- Découvrez les récompenses qu'aime votre chat
- Variez les récompenses
- Assurez-vous que la récompense peut être appréciée rapidement
- Donnez à votre chat toutes les chances de réussir

PUNITIONS

- Ne frappez jamais votre chat
- Un cri bref et fort est parfois parfaitement suffisant
- Cessez de caresser ou de flatter votre chat en même temps qu'il fait quelque chose de mal
- Interrompez son mauvais comportement et complimentez-le de l'avoir arrêté
- Ne soyez pas rancunier, le chat ne cherche pas à vous « gruger » ni à vous ennuyer délibérément

Disparition Quand un chat a pris l'habitude d'un comportement particulier, il ne va pas l'abandonner immédiatement et il ne faut pas se décourager. Rompre des habitudes indésirables peut être difficile et long. Quand un comportement particulier cesse d'être récompensé, par exemple si l'on cesse de prêter attention au chat quand il miaule, il va d'abord tenter d'insister pour obtenir une réaction. Il peut essayer de miauler plus fort pour voir si c'est efficace *(à gauche)* mais si l'on refuse de réagir, le chat va comprendre que c'est vain. Si le comportement persiste, il faut alors réexaminer soigneusement la situation car il est probable que le chat obtienne déjà une réaction ou une récompense qu'il aime. Il faut s'assurer que tous les humains du foyer suivent les mêmes règles avec lui.

Dressage

À droite : *Tirer parti des instincts naturels de votre chat est la meilleure manière de réussir son dressage, car il s'y impliquera avec intérêt.*

Un chat peut apprendre des tours simples si son propriétaire est patient et le récompense. Le chat doit être calme et se sentir bien dans l'environnement où l'on veut le dresser. On peut l'attirer avec de la nourriture ou un bâton à chat (une mince baguette à laquelle est pendu un leurre séduisant) et lui apprendre à toucher, sauter... Le chat n'aime pas répéter trop souvent le même comportement, les leçons seront donc variées et courtes. Il ne sera pas intéressé aussi longtemps qu'un chien et ne pourra certainement pas ingérer autant d'aliments de récompense ; les séances les plus courtes seront donc les meilleures.

Dressage au clicker

Un clicker est un gadget en plastique avec une « langue » en métal produisant un bruit de cliquet quand elle est enfoncée et relâchée. Ce jouet simple est très utilisé dans le dressage animal. Le bruit doit être associé à une récompense tout au long de nombreuses séances courtes. Si votre chat est effrayé par le bruit, achetez un clicker moins bruyant ou étouffez le bruit en le glissant dans votre manche. Une fois que votre chat a été conditionné et a compris que le bruit annonce l'approche d'une récompense, vous êtes en mesure de commencer le dressage. Vous pouvez marquer ainsi tout comportement désirable, lors du brossage, du transport ou lorsque vous lui demandez d'accomplir un certain geste ou un mouvement particulier.

PROBLÈMES DE COMPORTEMENT

Le chat aime la routine et s'adaptera à vos rythmes quotidiens pourvu que ses instincts félins fondamentaux soient satisfaits. Une fois qu'il a pris une habitude, il peut avoir du mal à en changer et il est conseillé de traiter tout comportement indésirable dès son apparition.

Quand le chat découvre une expérience agréable, il cherchera probablement à la renouveler pour en tirer plus de plaisir. Aussi, lorsque vous le voyez faire quelque chose qui vous plaît, faites-lui bien sentir que cela vous est agréable. Compliments et caresses l'encourageront à recommencer.

Ci-dessous : *Les phéromones faciales sont déposées par l'animal sur les objets de son territoire.*

Phéromones et thérapie

Les progrès scientifiques ont procuré divers moyens d'améliorer l'environnement de l'animal familier. Nous savons quelle importance a l'odorat chez le chat et spécialement l'importance qu'ont leurs phéromones (substances chimiques naturelles sécrétées par les animaux et servant à communiquer entre membres d'une même espèce) dans leurs sentiments de calme et de familiarité. Deux produits à base de ***phéromones faciales du chat*** sont commercialisés et peuvent être utilisés dans votre foyer. Ils se présentent soit sous la forme de diffuseurs électriques soit d'aérosols à diriger sur des objets particuliers, selon le problème. Ces substances sont distribuées par les vétérinaires et des sites de vente en ligne de produits pour les animaux familiers. En cas d'hésitation, il faut consulter un comportementaliste qualifié pour recueillir ses conseils.

Ci-dessus : *Choisissez la récompense adéquate. Certains chats adorent les caresses, d'autres non.*

Aides supplémentaires Elles sont souvent nécessaires pour les problèmes de comportement. Demandez à votre vétérinaire de vous indiquer un comportementaliste qualifié qui a l'expérience des problèmes félins. Il est important de recourir à des conseils de professionnel, plutôt que

d'expérimenter les suggestions plus ou moins heureuses données par des amis, des voisins ou des émissions de télévision. Un chat peut manifester le même comportement qu'un autre chat pour des raisons très différentes, et ce qui est efficace pour résoudre le problème de l'un sera sans effet ou même source de stress pour l'autre. Votre chat étant unique et votre foyer aussi, son programme comportemental doit l'être aussi, surtout lorsque le trouble est grave ou déjà ancien. Cet ouvrage présente des idées et des suggestions pour répondre à de nombreuses questions, mais vous devez réellement consulter un spécialiste lorsque le problème persiste depuis longtemps ou perturbe gravement votre chat ou votre famille.

Ci-dessus : *Tout comportement que vous encouragez a des chances de se répéter. Si vous réagissez au miaulement du chaton, il se servira probablement à l'avenir du miaulement pour réclamer de la nourriture ou attirer l'attention.*

RAPPELS UTILES – CE QU'IL FAUT FAIRE ET NE PAS FAIRE

- Ne punissez pas physiquement votre chat en le frappant, le visant avec un objet, le secouant ou le prenant par le cou. Votre chat vous associera à cette expérience désagréable, commencera à vous éviter et peut-être à se livrer à d'autres comportements indésirables, tels qu'agression, dépôts incongrus d'urine et d'excréments…
- Assurez-vous que votre chat a de nombreuses possibilités d'exprimer ses instincts félins. Améliorez son environnement avec des jouets, des cachettes, des lieux de repas et assurez-lui des relations sociales adéquates pour le stimuler (jouez avec lui s'il n'y a pas d'autre chat dans la maison).
- Soyez cohérent dans votre propre comportement, c'est la seule bonne méthode de cohabitation avec un chat.

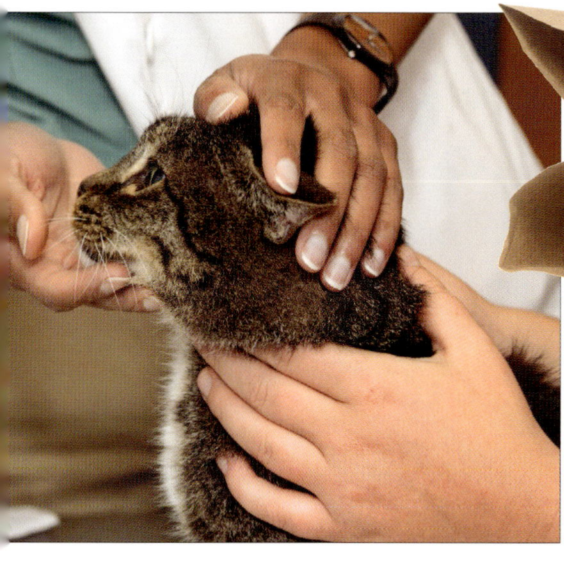

Ci-dessus : *Améliorez l'environnement de votre chat avec des objets simples comme un sac en papier où il peut se cacher et jouer.*

À gauche : *Si vous êtes préoccupé par tel ou tel comportement de votre chat, faites-le examiner par votre vétérinaire puis par un spécialiste du comportement félin.*

Et si mon chat doit être sevré ?

1 Le chaton peut commencer à ingérer des aliments solides à quatre semaines et sa mère commence à le sevrer à cette époque. L'éleveur doit alors proposer au petit des aliments solides pour chaton qui remplaceront les besoins de l'animal en lait maternel. Dans la nature, c'est la mère qui rapporte aux petits des aliments solides. Le chaton est totalement sevré à sept semaines, même si certaines mères continuent à l'allaiter plus longtemps. Vous n'avez pas à nourrir au lait de vache un chaton que vous rapportez chez vous ; de nombreux chats sont allergiques au lactose et souffrent d'embarras gastriques lorsqu'on les nourrit quotidiennement de lait.

Et si mon chat a été nourri au biberon ?

2 La mère est évidemment la meilleure éleveuse. Si un chaton doit être retiré à sa mère, son développement peut être altéré. Il peut devenir plus excitable et sensible aux stimuli. Les propriétaires observent souvent que de tels chatons sont plus brutaux dans leurs jeux et violents dans leurs morsures que les chatons élevés par leur mère jusqu'au sevrage. Durant leur apprentissage, ils ont souvent appris que les humains, leurs mains et leurs pieds en particulier, sont des « objets » sur lesquels ils peuvent orienter leurs jeux. Cela peut engendrer des situations difficiles, surtout avec les jeunes enfants ou les personnes âgées de l'entourage. Il faut alors encourager le chaton à jouer avec des jouets dès que possible et interrompre les jeux dès que le chaton tente de griffer ou de mordre.

D'autres chatons deviennent trop attachés à la personne qui les a nourris. Il faut alors leur apprendre à jouer de façon indépendante, afin qu'ils passent du temps loin de cette personne.

Et si mon jeune chat s'excite et est turbulent ?

3 Il est normal qu'un chaton âgé de trois à quatre mois se livre à des jeux débordant d'énergie tels que chasse, course et combats pour rire. Cela peut vous inquiéter surtout si vous n'avez pas l'habitude des chats ou si le chaton a remplacé un très vieil animal qui menait une vie placide et peu active.

Ces comportements ne doivent pas être punis, mais ne doivent pas non plus être récompensés. L'animal retrouvera naturellement son calme. Il faut lui procurer de nombreux jeux et au moins un arbre à chat où il puisse grimper et se livrer à des exercices amusants. Il doit pouvoir disposer de jeux adaptés dans toute la zone où il est autorisé à circuler car il aura besoin de jouer souvent. De plus, s'il ne dispose pas de jeux bien à lui, il sera tenté de jouer avec des objets fragiles ou précieux.

…t si mon chat …un pedigree ?

4 Il y a plus de 70 races de chat homologuées. Un pedigree signifie que la généalogie du chat peut être suivie sur de nombreuses générations et que tous les individus la composant avaient un pedigree connu. Le choix d'un pedigree vous permettra de réfléchir au type de chat que vous préférez, qui s'accordera le mieux avec votre foyer et votre style de vie. Même si tous les chats ont leur caractère, les chats d'un même pedigree ont beaucoup de traits communs. Certaines races sont actives et plus endurantes que d'autres. Les persans, par exemple, auront tendance à être moins propres que d'autres races alors que les siamois et les races orientales seront naturellement plus « bavards ». Aucune race n'est plus difficile qu'une autre, mais chacune a des besoins spécifiques qu'il faut envisager. Il ne faut pas se laisser influencer par le seul aspect de l'animal.

En général, les chatons à pedigree restent chez leur éleveur bien au-delà de la période de sept semaines. Assurez-vous que l'éleveur leur a procuré une socialisation et une familiarisation complètes, telles que décrites plus haut dans ce chapitre. Le chaton doit avoir eu des relations régulières avec de nombreuses personnes avant d'arriver chez vous, pour qu'il puisse se sentir à l'aise dans sa nouvelle famille.

Ci-dessus : *Une socialisation complète facilite l'adaptation du chat à un style de vie actif.*

Si vous réussissez à socialiser votre chat à pedigree et à le mettre à l'aise dans son nouvel environnement, vous pouvez être tenté de le faire participer à des expositions félines. Votre éleveur pourra alors vous conseiller sur la marche à suivre.

Et si mon jeune chat se montre méchant ?

5 Votre chaton a naturellement besoin d'exprimer son caractère de félin. Certains sont peu adaptés à la cohabitation avec une famille humaine, dans ce cas il est essentiel de passer du temps à aider votre jeune chat à apprendre ce que l'on attend de lui.

Ne partez pas du principe qu'il sait ce qu'il doit faire, et n'imaginez pas non plus qu'il se conduit mal intentionnellement.

Si vous n'apprenez pas à votre chat ce que vous attendez de lui, vous n'aurez aucune légitimité à vous fâcher s'il se conduit mal.

À droite : *Les jeux turbulents entre chatons leur permettent de déployer et de perfectionner des techniques dont ils pourront avoir besoin plus tard dans leur vie, pour la chasse ou lors de rencontres particulières.*

Et si mon chat n'a pas de pedigree ?

6 La majorité des chats appartient à la catégorie « chat européen ». Quand deux pedigrees différents se mélangent, les chatons sont dits de race croisée. Les chats ne provenant d'aucune race déterminée sont décrits selon leur apparence physique, comme « chat domestique à poil court » ou « à poil long ». L'absence de pedigree n'a aucune incidence sur le plaisir que vous retirerez de votre chat. Chats à pedigree e chats domestiques ordinaires dépendent les uns comme les autres d tempérament de leurs parents, de leur socialisation et de leur bonne santé.

Et si mon chat est un chat abandonné ?

Ci-dessus : *Un chat abandonné peut être un merveilleux compagnon.*

7 Beaucoup de chats pleins de qualités finissent, bien malgré eux dans des refuges. Certains d'entre eux ont un pedigree et or bénéficié d'une socialisation parfaite. D'autres n'ont eu que peu d contacts avec les humains ou d'autres chats. C'est pourquoi vous devez, s vous vous adressez à un refuge, demander toutes les informations disponible sur le passé du chat. Souvenez-vous que les chats des refuges sont souver en proie à l'anxiété du fait de leur enfermement. Prenez le temps d'examine tous les chats du refuge, souvenez-vous que certains sont stressés et, pa conséquent, ne présentent pas aussi bien que les autres. Cela ne signifie pa forcément qu'ils ne feront pas de formidables compagnons.

Certains refuges disposent d'une pièce ou d'un enclos calme permettar de rencontrer le chat qui vous séduit et de commencer un peu à le connaîtr avant de prendre la décision de l'adopter. Si le chat que vous examinez n vous semble pas parfait au départ, n'en tirez pas de conclusions : cela n signifie pas qu'il fera un mauvais compagnon. Il se sentira probablement moin à l'aise dans des situations de rencontre, mais un chat timide peut apprendr à cohabiter, à adorer ses nouveaux propriétaires ; il peut parfaitement s'adapte à un nouvel environnement.

Cet ouvrage vous donne plus loin des conseils permettant d'assurer votre chat tout le sentiment de calme voulu.

Et si mon chat est un chat haret ?

8 Un chat haret n'est pas exactement un chat vivant en totale libert ou un authentique chat sauvage. C'est un chat domestique né e élevé hors de la présence humaine et qui n'a eu ni socialisation r contact avec les humains. Ce genre de chat est en principe très effarouch par les humains. Si vous avez recueilli un chaton haret, vous-même ou l refuge devez consacrer les premières semaines (idéalement avant qu'il a atteint cinq semaines) à l'approcher avec précaution et à lui apprendre à s calmer en recourant aux aliments, aux jeux et aux caresses. Le chaton risqu sinon de grandir avec sa peur et de devenir extrêmement agressif quand c l'approche. Les chats harets adultes sont normalement plus heureux e

continuant à vivre selon leurs habitudes, mais il est sage de procéder à leur stérilisation pour ne pas encourager la multiplication des populations envahissantes de chats perdus ou harets.

Et si mon chat ne onronne pas ?

9 Certains chats ont plus de voix que d'autres, et cela dépend notamment de leur race. D'autre part, certains ronronnements sont imperceptibles à l'oreille humaine. Si votre chat est fâché ou en colère, il a moins de chance de ronronner.

Et si mon chat ronronne en continu ?

10 Le ronronnement apparaît quand le chaton a deux ou trois jours même s'il est malaisé à entendre à ce stade. Le chat peut ronronner en même temps qu'il inspire et qu'il expire. Le ronronnement signale la satisfaction mais il peut se produire même quand un chat souffre, est malade ou stressé. On a aussi observé qu'il sert de « signe d'amitié », pour marquer sa relation ou pour indiquer ses intentions amicales.

À droite : *Ronronner marque la satisfaction, mais peut aussi signifier une souffrance ou une blessure.*

Et si mon chat claque des dents ?

11 Le claquement de dents survient souvent juste avant que le chat saute sur sa proie (cela peut être un jouet), sans doute à cause de l'excitation et de la tension précédant le geste prédateur, mais peut aussi faire partie des actions du chat quand il mord sa proie. Certains chats semblent incapables de réfréner ce comportement. Sous l'effet de l'excitation, ils peuvent agiter les mâchoires seulement en observant des oiseaux ou des écureuils dans le jardin, ou même devant la télévision !

Et si mon chat cligne des yeux ?

12 Le chat cligne lentement des yeux pour calmer les autres et signaler sa satisfaction et son état paisible. Parfois, il semble seulement fermer les yeux à votre approche. Comme fixer le chat des yeux est perçu par lui comme un geste plutôt inquiétant et menaçant, il est judicieux de lui donner vous-même quelques signaux félins naturels s'il vous semble un peu nerveux. Évitez de rencontrer son regard, clignez lentement des yeux et vous devriez voir votre chat se calmer.

Et si mon chat agite la queue ?

13 Les mouvements de queue signalent des humeurs diverses. Une queue relâchée signale normalement un chat calme, une queue qui bat ou s'agite indique que votre chat est excité. Réfléchissez à ce que vous êtes en train de faire quand il agite la queue car il pourrait se sentir menacé ou un peu stressé. S'il agite la queue pendant que vous le caressez, il est sage de retirer doucement votre main pour lui permettre de retrouver son calme.

À droite : *Le chat peut remuer uniquement le bout de sa queue, ce qui est surprenant. L'agitation de la queue signale l'imminence possible d'une réaction.*

Et si mon chat miaule beaucoup ?

14 Les chats réservent leurs miaulements à leurs propriétaires plutôt qu'à leurs congénères. Le recours à la voix varie d'un individu à l'autre même si certaines races sont plus bavardes que d'autres. Les siamois et la plupart des races orientales miaulent particulièrement. Si vous n'aimez pas les miaulements, évitez ces races : il serait injuste que vous vous énerviez contre une réaction faisant partie d'un comportement naturel. Bien sûr, les chats de races orientales peuvent apprendre à donner de la voix plus que naturellement et cela peut devenir un problème même pour leurs adorateurs inconditionnels !

La plupart des chats apprennent que le miaulement est un moyen sûr d'obtenir une réaction de leur propriétaire. En effet, les miaulements de chaton font réagir instantanément. Les chats sont assez intelligents pour comprendre que le miaulement attire l'attention et leur procure aliments ou caresses. Pour les miaulements nocturnes, consultez la rubrique « Et si… ? » n° 67. Il arrive que les chats âgés miaulent plus fréquemment que dans leur jeunesse (voir aussi « Et si… ? » n° 160).

Et si mon chat montre les dents ?

15 Ce comportement s'appelle « flairer ». Il permet au chat de mieux détecter les odeurs en les soumettant à son organe de Jacobson, un récepteur olfactif situé dans sa bouche, à l'avant du palais. Le chat est alors capable de « goûter » l'odeur. Les odeurs jouent un rôle décisif dans tous les moments de la vie du chat et il est vital pour lui de pouvoir les traiter de manière élaborée. Ce comportement est moins visible chez nos chats domestiques que chez les chats sauvages, qui ont davantage besoin de détecter les odeurs des autres animaux, mais votre chat s'y livrera s'il tombe sur un objet marqué par l'odeur d'un autre chat. L'organe de Jacobson joue aussi un rôle dans l'appétit et le comportement sexuel.

Et si mon chat hurle ?

Ci-dessus : *En ouvrant la bouche, le chat permet aux odeurs d'atteindre l'organe de Jacobson qui les analysera.*

À droite : *Un chœur de chats hurlants peut s'assembler à proximité d'une femelle en chaleur.*

16 Rien de plus perçant qu'un hurlement félin ! Il s'agit de vocalises utilisées par le mâle qui cherche à s'approcher d'une femelle en chaleur ou qui défie un mâle rival. Les chats castrés se livrent plus rarement à cette activité bruyante. Si le hurlement est soudain et sans cause apparente, ou si votre chat montre un comportement inhabituel (manque d'appétit, faiblesse), demandez conseil à votre vétérinaire pour vérifier que l'animal va bien.

Et si mon chat refuse d'apprendre ce que je lui enseigne ?

17 Réprimander un chat n'est pas la solution : l'animal perdra la confiance qu'il avait placée en vous, il vous évitera (c'est un geste naturel qu'il adopte pour vivre dans la même zone que d'autres en évitant les conflits) et éventuellement, il urinera ou déféquera dans des endroits inappropriés.

Quand votre chat fait quelque chose qui vous déplaît, il vaut mieux essayer de le distraire et tenter de lui apprendre à faire autre chose. S'il apprécie davantage votre attention que les caresses ou les jouets, vous pouvez sanctionner son indifférence envers ce que vous lui montriez en vous éloignant de lui et en le laissant seul un petit moment.

PROBLÈMES ET ACCIDENTS DANS LA MAISON

PARTIE 2

SOMMAIRE

Et si mon chat...

INTRODUCTION

Les activités d'un chat peuvent parfois provoquer des soucis dans la maison. Reportez-vous aux questions et réponses de ce chapitre pour déterminer pourquoi votre chat se livre à certaines actions, et découvrez comment modifier son comportement avant que vos relations ne se détériorent définitivement.

PROBLÈMES DOMESTIQUES

Et si mon chat griffe les meubles ?

18 Griffer fait partie du comportement naturel du chat. Il se sert de ses griffes pour marquer son territoire de façon visible, laisser des messages odorants pour les autres chats… Cette habitude contribue aussi au bon état des griffes en les débarrassant de leur cuticule. Durant cette action, l'extension du corps permet aussi d'étirer les muscles et les tendons des pattes et entretient leur agilité. Le chat se fait habituellement les griffes au cœur de son territoire, dans les zones où il dort, mange et joue. C'est ainsi qu'il peut s'attaquer à des meubles ou à des accessoires. Certains chats se font les griffes près des lieux d'entrée, les portes, les chatières ou les fenêtres : ce peut être pour marquer un territoire, mais aussi… pour signaler la frustration de ne pas pouvoir sortir.

Ces problèmes de griffage risquent davantage de se produire avec les chats d'intérieur, qui ont moins d'occasions de s'exprimer, qu'avec les chats d'extérieur qui marquent de leurs griffes les poteaux de clôture et les arbres du jardin de façon quotidienne. Car il ne faut pas oublier que garder un chat en appartement ne signifie pas qu'il perdra ses instincts fondamentaux.

L'arrivée d'un nouveau chat dans le foyer peut provoquer une augmentation de l'activité de marquage, mais l'ennui peut aussi en être la cause, et vous devez soigneusement étudier la situation pour bien diagnostiquer les raisons de ce comportement afin de le modifier de façon satisfaisante.

Solutions : si votre chat se fait les griffes sur les meubles ou les murs, il faut impérativement détourner son attention. ***Il peut préférer un poteau vertical ou un griffoir : observez les endroits de vos meubles où il s'est fait les griffes pour mieux décider de la solution la plus adaptée***. Placez un arbre à chat neuf devant l'objet endommagé, puisque c'est manifestement une zone qui l'intéresse. Interdisez l'accès à l'objet endommagé, en le recouvrant d'une feuille ou d'un voile de plastique, de ruban adhésif double face ou de tout autre matériau peu attirant (en vous assurant au préalable que cela n'abîmera pas votre meuble ni ne blessera votre chat). Sa zone habituelle de griffage étant hors d'atteinte, l'animal devrait diriger son attention sur l'arbre à chat voisin.

Les stations de jeu et les poteaux en sisal pour chats leur permettent de se distraire et leur offrent des zones adaptées à griffer. On peut les acheter ou bien, pour les plus audacieux, les construire soi-même. Assurez-vous que l'arbre à chat est suffisamment stable et solide pour supporter des ascensions et des sauts vigoureux. Un arbre à chat doit idéalement être plus haut que votre chat quand il se dresse sur ses pattes arrière pour se faire les griffes, afin qu'il puisse exercer ses muscles. Les grands arbres, avec des angles, peuvent être plus attirants car le chat peut griffer deux faces en même temps. On peut réaliser un griffoir avec du carton ondulé ou du sisal, mais il doit être suffisamment long pour que le chat puisse s'étirer pour en griffer une large surface.

Neufs, les arbres ou les griffoirs ne sont pas toujours très attirants pour l'animal, à cause de leur construction ou à cause de leur odeur. Utilisez un bâton à chat ou une ficelle pour exciter votre chat et l'amener à bondir ou à donner des coups de patte sur l'arbre. Pulvérisez sur l'objet des phéromones (en spray) pour l'amener à s'y intéresser. Ne tentez ***jamais*** de lui faire faire ses griffes en le poussant ou en appliquant ses pattes sur l'arbre.

En haut à gauche : *Très jeune, le chaton se fait les griffes. Il est important de lui procurer l'accessoire approprié.*

En bas à gauche : *Fauteuils et canapés ? Idéal pour se faire les griffes. De plus, les dommages visibles et les odeurs qu'il y laisse incitent le chat à y revenir.*

Souvenez-vous : aidez votre chat à s'approprier son arbre. S'il n'est pas attiré par les matériaux neufs, recouvrez l'arbre d'un ou plusieurs morceaux de tissu qui lui plairont davantage et qu'il pourra griffer et mettre en pièces. Ces jeux communiqueront une odeur à l'arbre à chat et y laisseront des fils qui le rendront encore plus attirant quand le tissu sera retiré. Une fois que votre chat prendra plaisir à faire ses griffes sur l'arbre plutôt que sur vos meubles, vous pourrez commencer à déplacer l'arbre progressivement tous les jours jusqu'à lui trouver une place convenable.

Dans les foyers comptant plusieurs chats, il est conseillé de disposer dans la maison plusieurs arbres à chat pour permettre à chaque animal de s'y exercer librement. Veillez à épointer les griffes de votre chat pour réduire encore les dommages qu'il pourrait infliger à votre mobilier.

Si vous surprenez votre chat en train de se faire les griffes, vous pouvez interrompre son geste dès le départ (Reportez-vous à la partie 1 pour les meilleures manières d'interrompre un mauvais comportement). Puis dirigez-le gentiment, sans violence, vers l'arbre à chat.

D'un point de vue plus général, assurez-vous que votre chat a de nombreuses possibilités de se distraire, qui le préserveront en permanence de l'ennui ou de la frustration. Disposez un arbre à chat près de son lieu de sommeil favori pour qu'il s'y fasse les griffes dès qu'il se réveille et désire s'étirer.

Il est largement préférable d'***étudier les raisons*** amenant votre chat à se faire les griffes que de se concentrer seulement sur les dommages indésirables. Les risques que les dégâts se reproduisent ailleurs seront ainsi considérablement réduits.

Ci-dessus, ci-dessous :
Arbres et griffoirs sont nécessaires dans le territoire du chat pour l'aider à débarrasser ses griffes de leur cuticule et à s'étirer, ce qui lui assure des muscles toniques et vigoureux.

À gauche :
Les arbres à chat à plusieurs niveaux doivent comporter différents perchoirs et stations à griffes pour que chacun puisse l'utiliser sans être gêné. Certains préfèrent les arbres verticaux, d'autres les horizontaux…

Et si mon chat endommage les tapis ?

19 C'est un problème qui empoisonne souvent les relations entre le chat et ses propriétaires. Les jeunes chats ont tendance à se déchaîner sur les tapis, dont ils tirent les fils, tandis que les propriétaires sont terrifiés par ces dégâts. Ce problème est davantage à craindre avec les races les plus actives et les jeunes chats, surtout ceux qui n'ont pas la possibilité de s'ébattre à l'extérieur et qui ont, de ce fait, un trop-plein d'énergie à dépenser.

Solutions : assurez-vous que votre chat possède d'autres endroits pour se faire les griffes et placez des arbres à chat près des tapis. Aménagez-lui des stations de jeu. Encouragez-le à poursuivre des petits jouets que vous déplacerez avec une ficelle. Utilisez des jouets interactifs, comme les souris à commande électronique qui se déplacent au hasard – ils inciteront votre chat à sauter et à bondir sans dommage même en votre absence. Si vous voyez que votre chat s'apprête à s'attaquer à un tapis, vous pouvez interrompre son geste en claquant des mains ou en lui ***donnant un ordre*** et en l'encourageant à une autre activité.

Et si mon chat arrache le papier peint ?

20 Lacérer le papier peint est un comportement très destructeur et coûteux qui peut rapidement amener un chat à se retrouver dans un refuge. Le griffage du papier peint peut faire partie d'un comportement de marquage (voir « Et si… ? » n° 18), d'un comportement de jeu (peut-être un coin décollé qui a attiré l'attention de votre chat), ou résulter seulement d'une attirance pour les composants du papier peint. Certains chats peuvent se mettre à jouer par hasard avec le papier peint et découvrir que c'est un moyen d'attirer l'attention de leurs propriétaires.

Solutions : en premier lieu, assurez-vous que votre chat dispose de suffisamment de stimulations dans sa vie quotidienne. Détournez-le du papier peint arraché en lui offrant d'autres jeux. Placez un arbre à chat près de l'endroit qu'il vise le plus. Vous pouvez aussi accrocher une feuille de plastique épais et transparent sur les murs concernés jusqu'à ce qu'il réalise que ces jeux ne l'amusent plus. Dans les foyers où vivent plusieurs chats qui marquent les murs, on peut poser des protections d'angle sur les murs qui sont tapissés pour prévenir les dégâts.

À gauche : *Des jeux simples avec des objets simples peuvent détourner un chat débordant d'énergie de comportements indésirables.*

Et si mon chat fait ses besoins dans la maison ?

Ci-dessus : *Les chats aiment avoir un lieu pour faire leurs besoins mais le choix de son emplacement demande une vraie réflexion. De plus, vous devez choisir le bon type de bac et de litière et assurer un nettoyage régulier. Si vous avez plusieurs chats, tenez compte de leurs préférences respectives.*

21 ***Pour commencer, il faut vous assurer que votre chat es en bonne santé*** pour éliminer toutes les causes médicale habituelles, car les cas les plus fréquents d'apparitio soudaine de comportements inappropriés d'excrétion dans la maison son dus à des problèmes de vessie ou d'infection urinaire, ou à des désordre comme les maladies du bas appareil urinaire félin. Des examens vétérinaire peuvent être nécessaires pour détecter une infection. L'apparition d problèmes urinaires peut conduire votre chat à éviter son bac. Ces infection peuvent aussi provoquer des besoins d'uriner beaucoup plus fréquents L'animal se sent pris de court et fait ses besoins au plus près. Si votre cha est en parfaite santé, vous avez alors de nombreuses questions à vous poser D'abord, ***où*** votre chat doit-il faire ses besoins ? S c'est dans un bac à litière, assurez-vous qu' est disposé correctement. Un chat ne voudr pas faire ses besoins dans l'endroit le plu passant de la maison ou le plus exposé au regards. Il utilisera le bac s'il est au calme mai pourra choisir un autre endroit s'il est dérangé.

De même, est-il menacé par d'autres animaux d foyer ? Si des tensions existent entre vos animau familiers, vous devez traiter ce problème et disposer d'autre bacs ***en divers lieux***. Certains chats réussissent heureusement partager le même bac mais si les chats ne sont pas bons amis, cel engendrera du stress. Le bac est-il placé près des aliments et de la boisson Les chats n'aiment pas faire leurs besoins et se nourrir au même endroit. Si l bac à litière vient d'être déplacé, votre chat doit savoir où il se trouv désormais. Prenez-le bac et montrez-le lui, comme vous le feriez avec u nouveau chat. S'il est âgé et perd la mémoire, il vous faudra déplacer le ba en un lieu facile d'accès.

Ensuite, votre chat peut-il ***accéder*** à son bac ? Il aura besoin d'un chemi dégagé pour s'y rendre. Les chats âgés ou souffrants peuvent avoir de difficultés à grimper dans un bac à hauts rebords. De même, les chats vieillis sants ou arthritiques peuvent avoir du mal à sortir de la maison suffisammer vite pour éviter les accidents.

- Votre chat ***est-il à son aise*** dans son bac ? Il peut ne pas aimer le type d litière que vous avez choisi. Les propriétaires sont souvent tentés par de litières parfumées et très absorbantes qui leur permettent d'espacer leu remplacement (voir « Et si... ? » n° 22) mais les odeurs agréables pour le humains ne le sont pas forcément pour les chats. Votre chat peut avoir un préférence pour un type de bac, profond ou non, ouvert ou couvert d'u toit. Souvenez-vous que son « sens de la propreté » peut différer du vôtre C'est ***son*** opinion qui est décisive. Il est compréhensible que beaucoup d chats refusent de faire leurs besoins dans un bac sale. Il ne suffit pa d'évacuer les excréments et de compléter la litière au fur et à mesure. Vou devez la remplacer tous les jours, sinon deux fois par jour, et le bac do être entièrement vidé et nettoyé deux fois par semaine – voire plus souver si plusieurs chats s'en servent. L'utilisation de bâches au fond du bac peu

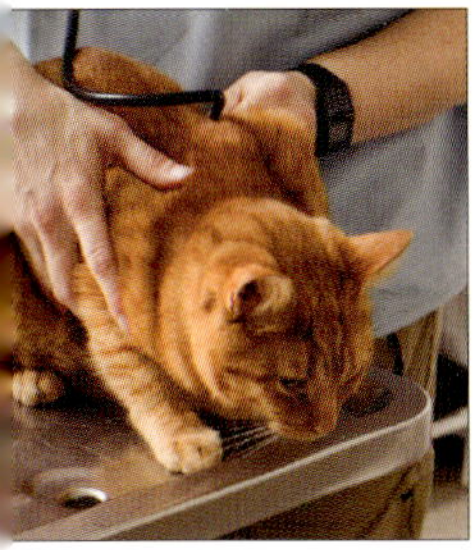

Ci-dessus : *Face à de gros problèmes de propreté, il faut envisager de faire examiner l'animal par un vétérinaire.*

aussi décourager les chats repoussés par l'odeur du plastique ou la sensation d'accrocher leurs griffes quand ils grattent la litière.

- Dans une maison où vivent plusieurs chats, il doit y avoir assez de bacs pour convenir à tous les animaux. Certains chats préfèrent un système à deux bacs juxtaposés, leur permettant de choisir entre l'un et l'autre en attendant que vous les ayez nettoyés. Même dans ce cas, un nettoyage quotidien est nécessaire.
- Votre chat peut éviter le bac si vous avez choisi le moment où il l'utilisait pour lui administrer un traitement médicamenteux. Beaucoup de propriétaires saisissent cette occasion avec les chats qui sont difficiles à approcher et ils provoquent une aversion du bac.

Ci-dessus : *Si votre chat évite de se servir de son bac, essayez de le nettoyer plus souvent. Beaucoup de chats refusent les bacs sales.*

Ci-dessous : *Un chat n'aime pas faire la queue, et s'il trouve le bac déjà occupé, il peut se sentir forcé d'aller ailleurs.*

Si votre chat est censé faire ses besoins dehors, vous devez vous pose quelques questions :

Ci-dessous **:** *Ce carré de terre est un lieu d'aisance extérieur facile d'accès.*

- Peut-il ***sortir aisément*** ? Si ce n'est pas le cas, cela peut l'obliger à faire se besoins à l'intérieur. Assurez-vous que la chatière est ouverte suffisammer longtemps chaque jour ou que quelqu'un peut le faire sortir. Les chats for souvent leurs besoins la nuit. S'ils sont enfermés à l'intérieur par sécurit vous devrez leur procurer un bac. Les chats âgés peuvent avoir besoin d sortir plus souvent ou au moins de pouvoir accéder facilement à un bac Votre chat se montre-t-il confiant dans l'utilisation de la chatière ? Y a-t dans la maison ou dans le voisinage d'autres chats qui pourraier l'empêcher d'aller dehors ? Si c'est le cas, fournissez-lui des moyen différents pour sortir de la maison. Les échelles à chat disposées au fenêtres ou des pots de fleurs rangés pour dissimuler la chatière peuver s'avérer efficaces (voir « Et si… ? » n°s 49 et 91.)

Ci-dessous **:** *Un bac couvert d'un toit offre un endroit intime et sûr mais il faut veiller à un nettoyage régulier pour éviter une trop forte concentration des odeurs.*

- Votre chat ***se sent-il en sécurité dehors*** ? S'il fait norma lement ses besoins dehors et qu'il change brusquement d comportement, il y a une raison. Travaux de jardinage, trafi inhabituel, affrontements avec d'autres animaux, répulsifs. peuvent provoquer un stress qui contraint le chat à devo uriner plus souvent. Ce stress est lié à un état nommé **cystit idiopathique** ou **interstitielle**.

Si votre chat fait ses besoins dans la maison parce qu est trop inquiet pour aller dehors, procurez-lui un bac le temp de l'aider à surmonter sa peur de l'extérieur. Néanmoins assurez-vous que le bac n'est pas trop près d'une port susceptible d'être ouverte brusquement ou de la chatière dor pourrait se servir un autre chat.

- Si votre chat est nouveau dans la maison, assurez-vous que son bac est facile d'accès. Il pourrait ne pas avoir suffisamment exploré la maison pour trouver immédiatement le bac à l'endroit que vous avez choisi.

En cas de problèmes sévères : les chats aiment leurs habitudes. Tant qu'il ne pourra pas se déplacer librement dans toute la maison, votre chat continuera probablement à faire ses besoins là où il ne faut pas. Confiner l'animal dans une seule pièce avec un bac peut être une solution pour l'habituer à nouveau à utiliser le bon endroit, surtout si le problème est déjà ancien. La pièce doit avoir, si possible, un sol facile à nettoyer et n'offrir aucune alternative plus tentante que le bac. Dans les cas extrêmes, il peut être utile de disposer dans le bac des matières que le chat a déjà souillées. Placez par exemple un bout du tapis sur lequel il a uriné près de la litière où vous voulez le faire aller. Réduisez peu à peu ces matières tout en augmentant le volume de la litière jusqu'à ce qu'il prenne l'habitude de se servir du bon produit. Disposez un panier et un bol d'eau aussi loin du bac que possible. Augmentez progressivement ses possibilités de circulation jusqu'à ce que vous puissiez à nouveau lui faire confiance.

Les chatons vont naturellement faire leurs besoins dans le bac à litière s'il leur est accessible et qu'il est propre. Il faut toujours encourager ou récompenser ce comportement, mais attendez que l'animal ait fini ses besoins pour le caresser ou prononcer un mot calme de compliment (un chat peut ne pas aimer que l'on perturbe son intimité).

Changez sa perception des lieux souillés en y disposant des assiettes de nourriture ou des bols d'eau. Une fois les mauvaises habitudes disparues, vous pourrez progressivement déplacer bols et assiettes vers des endroits plus appropriés.

Bien souvent, les punitions incitent le chat à ne plus faire ses besoins en présence de son propriétaire. Dans ce scénario, l'animal continue simplement à faire ses besoins quand son propriétaire n'est pas là, et le problème ne fait que s'accroître. ***Ne frottez jamais le nez de votre chat dans ses excrétions***. Cette méthode d'antan lui procure un stress supplémentaire : il risque à nouveau de s'oublier où il ne faut pas. Le prendre par la peau du cou dans ces circonstances n'est pas plus avisé car il deviendra anxieux à votre approche. Essayez de l'interrompre ou bien confinez-le provisoirement dans une pièce, et vous éviterez bien des tracas.

Ci-dessous : *Les chatons peuvent être entraînés à faire leurs besoins dans un bac s'il est facile d'accès et s'ils ont l'occasion d'observer leur mère en train de s'en servir. Ils recouvrent aussi leurs excréments et prennent tôt de bonnes habitudes.*

Comment nettoyer le bac à litière

1 Nettoyez le bac neuf avant sa première utilisation pour le débarrasser de: odeurs de fabrication ou du magasin où vous l'avez acheté.

2 Tous les produits ménagers puissants ne conviennent pas. Évitez le: produits à base de détergents ou puissamment parfumés. Souvenez-vou: que votre chat a un odorat très développé et que certaines odeurs lui sor insupportables. L'eau de Javel diluée est un produit idéalement adapté e sûr mais il faut rincer le bac très soigneusement. (Attention, ***n'utilisez pa: l'eau de Javel*** sur les tapis souillés ou les zones arrosées d'urine pour le: raisons expliquées ci-dessous.)

3 Rincez plusieurs fois le bac à l'eau claire.

4 Faites sécher le bac à l'air. (Les femmes enceintes ou qui allaitent doiver faire attention en nettoyant le bac à litière pour ne pas risquer de contracte la toxoplasmose, provoquée par un parasite vivant dans l'intestin du chat Cette maladie compromet le développement de l'embryon humain. Le port de gants de ménage est recommandé).

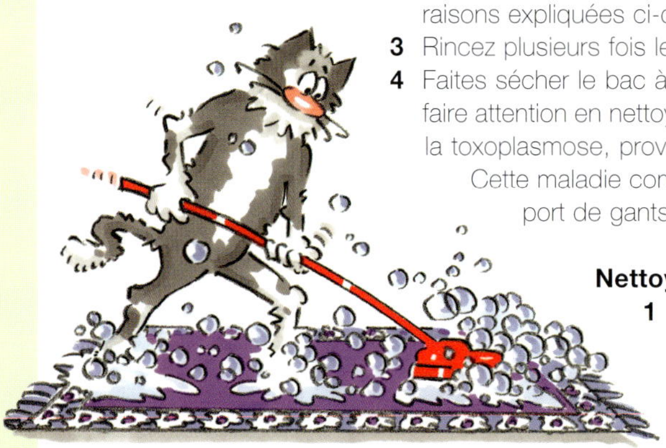

Nettoyer un endroit souillé

1 Ramassez les excréments ou épongez l'urine.

2 Frottez avec une solution de poudre à lave biologique (en faisant d'abord un essai pour ne pa altérer les couleurs) ou un détergent du commerc spécialement conçu pour les animaux. Ce produits à base d'enzymes sont efficaces mais leur action est lente et vou devrez interdire provisoirement l'endroit à vos animaux. Asperger l'endro souillé avec un nettoyant fortement parfumé masquera l'odeur nauséa bonde aux humains mais elle sera toujours perçue par votre chat qu pourrait désirer revenir faire ses besoins au même endroit. D'ailleurs le produits à base d'ammoniac ou l'eau de Javel peuvent réellement incite votre chat à y revenir. Les nettoyants à base d'enzymes ont le pouvoir d décomposer les excrétions et de les éliminer complètement.

3 Pulvérisez un neutraliseur d'odeur animale sur l'endroit souillé et recouvrez le d'une feuille de plastique ou condamnez l'accès à la pièce jusqu' séchage complet pour éviter que votre chat ne soit attiré par le sol humide

Astuce : l'alcool à 90° est excellent pour désodoriser les endroits souillé après leur nettoyage. Son évaporation élimine les dernières traces d'urine Lavez ensuite à l'eau claire. Suivez toujours les instructions de sécurit pour tous les produits que vous utilisez.

Remarque : le chat marque parfois son territoire en s'accrou pissant et en urinant. Ce comportement peut induire l propriétaire en erreur, qui pensera à un problème d bac à litière. Avant d'arriver à cette conclusior observez les autres comportements de l'animal, se habitudes d'excrétion, la localisation des dépôt d'excréments ou d'urine. Notez par écrit l'évolution d ces problèmes de propreté. Cela procurera de bon indices sur le développement du comportement indésirabl

Ci-dessous : *Portez des gants de caoutchouc pour nettoyer le bac à litière du chat. Ses excréments peuvent abriter des parasites dangereux pour les humains.*

et ses causes vraisemblables lors d'une consultation vétérinaire. La localisation des excréments est importante si l'on veut déterminer la source du problème.

Et si mon chat fait le difficile sur le type de litière ?

22 Le chat préfère souvent le type de litière qu'il a connu étant chaton. La multiplicité des offres et des emballages conduit souvent les propriétaires à changer de produit, parfois sans même s'en apercevoir. Les chats à poil long aiment rarement les produits à base d'argile car ils collent à leurs pattes ou à leur queue. Un chat souffrant d'une infection urinaire douloureuse peut associer la souffrance avec la litière. Des chats ont simplement une préférence pour le parfum ou la consistance de certains produits, et il y a certainement des litières qui absorbent mieux l'urine ou sont plus faciles à gratter pour recouvrir les excréments. Quand vous le pouvez, tenez-vous au même type de litière afin de provoquer le moins de ruptures possibles dans les habitudes de propreté de l'animal.

Si vous devez changer de type de litière, faites-le progressivement. Tout au long d'une semaine, remplacez un peu de l'ancien produit par la nouvelle litière, jusqu'à ce que le bac ne contienne plus que le nouveau produit. Utilisez toujours un produit certifié sans danger au cas où le chat en ingérerait (cela peut arriver car il se lèche). Ne choisissez pas un produit fortement parfumé car il masquerait l'odeur d'urine à votre seul odorat. Il est préférable et plus sain de retirer la litière souillée un peu plus souvent.

À droite : *Les litières modernes peuvent contribuer à éliminer les odeurs désagréables mais il faut continuer à retirer les excrétions tous les jours.*

Ci-dessous, à gauche et à droite : *Les litières minérales pour chat sont fabriquées à partir de diverses matières qui doivent être non toxiques, faciles à nettoyer et écologiques.*

Et si mon chat n'enfouit pas ses excréments ?

23 L'action de gratter et d'enfouir ses excréments est innée : e dissimulant les odeurs, le chat a moins de risque d'être repér par des prédateurs. L'enfouissement réduit aussi les risque de maladie et de parasitage dans le territoire. Mais les habitudes varient d'u individu à l'autre. Un chat confiant laissera plus de traces apparentes, un cha plus anxieux enterrera davantage ses excréments.

Le fait de creuser dans la litière vient probablement de l'observation qu le chaton a fait de sa mère ; sinon, il n'adoptera sans doute pas ce compor tement une fois adulte. Le phénomène est particulièrement observable si l chaton n'a pas libre accès à une litière.

Si votre chat n'aime pas la litière que vous lui avez procurée, il risque d ne pas enfouir ses excréments. Observez-le lorsqu'il se sert de son bac. peut éviter la litière, secouer ses patins, tourner autour du bac, mettre d temps à prendre position, ne pas se mettre entièrement sur la litière, se place sur le rebord du bac.

Assurez-vous que la litière est assez profonde pour qu'il puisse gratter e enfouir ses excréments. Un surcroît de litière peut sembler une dépense inutil mais cela permet à votre chat d'accomplir de façon satisfaisante un gest naturel.

Et si mon chat fait ses besoins dans les pots de fleurs ?

24 Les chats peuvent être attirés par la terre meuble qu contiennent les pots des plantes d'intérieur et se mettre à le utiliser pour leurs besoins à la place de leur bac ou de leu coin de jardin. Cette terre absorbe bien, est facile à creuser et les pots d fleurs se trouvent généralement dans des endroits où les chats se sentent e sécurité. Des solutions simples consistent à couvrir la terre de caillou décoratifs, de coquilles brisées ou de pommes de pin, ou même à tendre u réseau de fils sur le pot pour rendre l'endroit inconfortable. Observez votr chat et vérifiez que rien ne l'empêche de se servir de son bac ou d'aller fair ses besoins dehors.

Et si mon chat refuse d'utiliser son nouveau bac avec toit ?

25 Les bacs à toit sont livrés avec un capot et une chatièr permettant à l'animal de pénétrer dans ses toilettes privée Un chat peut avoir du mal à utiliser un bac à toit s'il n'y est pa habitué. Certains chats préfèrent la sécurité et l'intimité du bac à toit, mais c sont aussi les propriétaires qui souhaitent s'épargner la vue et l'odeur de excréments. On a tendance à nettoyer un bac à toit moins souvent qu'un ba ordinaire, ce qui n'est pas acceptable pour votre chat. On a tort, car le odeurs se concentrent rapidement dans le bac à toit, surtout s'il est mu d'une chatière.

Si vous êtes décidé à utiliser ce type de bac, conservez autant que vou pourrez les habitudes anciennes, en utilisant la même litière que dans l'ancie bac. Disposez le nouveau bac exactement à la place de l'ancien. Montre gentiment à votre chat comment entrer dans le bac, et si possible, laissez chatière ouverte au début. Si votre chat ne semble pas comprendre que cett boîte est un bac, déposez un peu de litière souillée sur la litière neuve pour stimuler ses instincts. Si votre chat persiste à ne pas vouloir se servir du nouveau bac, vous pourriez être obligé de revenir à l'ancien bac. Rétablir les vieilles habitudes réglera à coup sûr le problème !

Et si mon chat fait ses besoins à côté du bac ?

26 Certains chats vont convenablement à leur bac mais font leurs besoins à côté. Si ce comportement est nouveau, ***consultez votre vétérinaire*** pour vérifier que ce n'est pas une douleur que ressent l'animal en urinant ou en déféquant qui l'empêche de faire ses besoins convenablement. Un nombre étonnant de chats souffrent d'arthrose, ce qui très gênant pour faire ses besoins. Vérifiez que le bac est assez grand et d'accès facile. Un bac à toit ou un bac ordinaire disposés dans une boîte basse en carton peuvent aussi éviter qu'il dépose urine et excréments sur le sol. Vérifiez que votre chat aime le type de litière que vous lui fournissez car il pourrait éviter d'entrer dans son bac pour cette raison (voir « Et si… ? » n° 22).

Et si mon chat ne peut être identifié comme responsable des endroits souillés ?

27 Dans une maison où vivent plusieurs chats, identifier celui qui est à l'origine de l'urine ou des excréments déposés hors du bac peut être extrêmement difficile. Il peut être utile d'isoler chacun des chats mais si le comportement de marquage ou la crainte de se servir du bac résultent d'un conflit entre les chats, les séparer ne résoudra le problème que temporairement. On peut installer une caméra vidéo mais il sera difficile d'enregistrer l'animal en cause s'il fait ses besoins en divers endroits ou si la batterie de la caméra se vide avant qu'il ne fasse ses besoins au mauvais endroit. Vous pouvez mêler aux aliments du chat que vous soupçonnez quelques gouttes de colorant alimentaire, ce qui vous permettra, grâce à ses excréments, de l'identifier à coup sûr. **Solution :** votre vétérinaire peut vous fournir un colorant fluorescent que vous administrerez une fois à chaque chat. L'urine du chat deviendra fluorescente sous la lumière d'une lampe à ultra-violet. Quand il n'y a que deux chats, il serait plutôt conseillé de commencer par administrer le traitement à celui des deux qui vous semble le plus hors de cause, si vous ne voulez pas voir toute votre maison s'éclairer quand vous allumez la lampe à ultra-violet !

À gauche : *La posture physique caractéristique du chat déposant son urine est facile à identifier : il lève la queue et l'agite en dirigeant son derrière vers l'objet visé.*

Et si mon chat défèque dans la maison ?

28 Des excréments laissés en surface en dehors du lieu habituel sont parfois des signaux destinés à marquer le territoire. Les excréments sont alors déposés à proximité d'endroits stratégiques. Les chats, s'ils se sentent anxieux, tentent ainsi de signaler leur présence aux autres chats ou aux humains. Ce comportement peut être traité comme les autres problèmes de marquage (voir « Et si... ? » n°s 29 et 30). Les excréments dans la maison peuvent aussi résulter d'une aversion pour le bac ou d'un problème lié à son emplacement (voir « Et si... ? » n°s 21 et 25 pour des informations supplémentaires).

Et si mon chat urine sur les rideaux ?

29 Les odeurs ont une grande importance pour les chats et les dépôts d'urine leur servent à marquer leur territoire et à laisser des messages olfactifs aux autres chats. Mais quand un chat est anxieux, il peut déposer de l'urine dans la maison, pour signaler le centre de son territoire. Les femelles comme les mâles peuvent être responsables de ce problème.

Quand un chat est prêt à marquer un endroit, il le flaire attentivement, étire ses pattes, relève sa queue et la secoue avant d'émettre un petit jet d'urine. Le dépôt se fait habituellement de cette façon sur les surfaces verticales et il est souvent dirigé aux abords des fenêtres et des portes, ou de lieux qui semblent importants pour le chat. L'urine projetée permet à l'odeur du chat de se diffuser aux alentours et contribue à renforcer son sentiment de sécurité.

Un chat qui urine sur les rideaux se sent souvent menacé par quelque chose à l'extérieur. Peut-être a-t-il vu d'autres chats près de la maison ? Un congénère étranger essaie peut-être de pénétrer sur son territoire ? Il peut aussi uriner sur la fenêtre ou sur les murs adjacents.

Solutions : calmez le chat en l'empêchant de regarder par la fenêtre et d'apercevoir d'autres chats à l'extérieur. Dissuadez-le de sauter sur l'appui de fenêtre en interdisant son accès, ou empêchez-le de regarder au travers soit en pulvérisant un produit opacifiant provisoire, soit en disposant une feuille de plastique translucide (comme il en existe pour les fenêtres de salles de bain) dans le bas de la fenêtre, pour le priver de cette vue sans priver les humains de lumière. Cette méthode peut sembler peu esthétique mais elle est efficace jusqu'à ce que vous ayez déterminé la source du problème. Vous pouvez aussi rechercher où les autres chats ont l'habitude de se tenir à l'extérieur et effectuer des modifications dans votre jardin afin que ces animaux ne puissent plus observer ce qui se passe dans la maison. Plantez de petits arbres ou des buissons pour renforcer votre intimité. Enfin, des jardinières sur la fenêtre peuvent rendre votre chat moins visible et améliorer son sentiment de sécurité.

Ci-dessous : *Le chat peut s'intéresser à tout ce qui se produit à proximité de la maison et peut passer beaucoup de temps à regarder l'univers extérieur.*

Procurez à votre chat de multiples sources de distraction à l'intérieur de la maison. Nettoyez complètement les zones marquées d'urine avec de l'eau, des nettoyants à base d'enzymes ou de l'alcool à 90° (en faisant des essais préalables pour éviter d'endommager ou de décolorer les objets à nettoyer). Si votre chat est un jeune mâle non castré, la stérilisation a de bonnes chances de résoudre le problème. Les femelles en chaleur présentent aussi souvent ce type de comportement. Si votre chat est agressé par un autre chat de la maisonnée, examinez s'il est raisonnable de les faire cohabiter. Aménagez pour le chat agressé des endroits où se cacher, un endroit séparé pour se nourrir, et réduisez la rivalité entre ces animaux en procurant à chacun des espaces et des accès séparés pour qu'ils n'aient pas à se rencontrer.

Si ces « accidents » sont dûs au stress, des produits disponibles auprès de votre vétérinaire pourront contribuer à venir à bout de ce comportement. Par exemple, le spray à base de phéromones, reconstitution synthétique des phéromones naturelles, est à pulvériser sur les objets souillés après complet nettoyage. N'oubliez pas de rincer soigneusement avant la pulvérisation car le nettoyant à base d'enzymes pourrait décomposer les phéromones et réduire leur efficacité.

Si c'est le stress qui conduit votre chat à mal agir, des changements seront nécessaires à son environnement. Si son stress est extrême, vous pouvez envisager l'administration de médicaments spécifiques avec votre vétérinaire ou votre comportementaliste animalier : cela peut améliorer l'efficacité d'un traitement comportemental.

Ci-dessus : *Prenez du temps tous les jours pour faire jouer votre chat, le distraire et l'éduquer.*

À gauche : *Un chat étranger peut déclencher un comportement agressif ou de marquage, et même un état d'extrême anxiété.*

Et si mon chat urine dans les sacs ou sur le courrier ?

30 Le fait que le chat laisse des marques d'urine dans la maison indique qu'il se sent mal à l'aise, inquiet. Les chats très sensibles quant aux questions de territoire peuvent être dérangés par des objets porteurs d'une odeur étrangère. Le courrier, par exemple, tout comme les provisions. Ce sont deux types d'objets qui peuvent rendre anxieux un chat sensible. Les sacs en plastique ont eux aussi une odeur qui semble avoir de l'effet sur certains chats.

Lorsque vous posez un sac sur un trottoir ou devant chez vous, le temps d'ouvrir la porte, il peut s'imprégner de l'odeur de chats étrangers. Votre chat peut en déduire qu'un autre animal a envahi son territoire. Dans ce cas, éloignez votre chat ou distrayez son attention pendant que vous déballez et rangez vos achats. Veillez à ce que votre courrier soit déposé dans une boîte près de votre habitation ou disposez un sac à courrier à l'arrière de votre porte pour que les lettres y soient protégées de toute incursion.

Ne vous fâchez pas contre votre chat car il deviendrait plus anxieux et irait déposer de l'urine ailleurs. Si vous le voyez sur le point de le faire, interrompez-le en détournant rapidement son attention, par exemple en tapant dans vos mains. Quand il est surpris et qu'il s'interrompt, parlez-lui doucement et éloignez-le gentiment. Enfin, vous pouvez utiliser un diffuseur de phéromones au même endroit pour calmer toute tension. Réduire l'anxiété de votre chat est bien sûr un pas important dans la socialisation de l'animal, mais, pour diminuer votre propre stress, il faut définitivement résoudre le problème qui le rend anxieux.

Ci-dessus : *Les odeurs des sacs et des vêtements peuvent intéresser certains chats, d'autres peuvent ressentir du stress.*

À gauche : *Les chats du voisinage peuvent déposer leurs odeurs à l'extérieur de la maison, pour marquer leur territoire, pour faire leurs besoins… Beaucoup de chats ne font guère attention à cette intrusion, mais les plus sensibles d'entre eux peuvent marquer à leur tour de leur urine des objets introduisant de telles odeurs dans la maison.*

Et si mon chat fait ses besoins dans le panier à linge ?

31 Même si ce problème semble faire croire que votre chat a délibérément choisi le lieu le moins approprié pour faire ses besoins, il a toute chance d'être dû à une aversion à l'égard du bac à litière. Quand un chat n'a pas accès à un bac, il peut être attiré par des lieux qui offrent un espace similaire. Les sacs et paniers lui procurent de l'intimité et les papiers ou vêtements qu'ils contiennent permettent au chat d'enfouir ses excréments (voir « Et si… ? » n° 21). Ne vous fâchez pas et ne lui frottez pas le nez dans ses excrétions. Tant qu'il n'aura pas repris ses habitudes normales, vous devrez tenir vos sacs fermés et ranger ou munir d'un couvercle tous les paniers ou boîtes qui pourraient le tenter. Souvenez-vous que cela ne suffira pas à régler le problème : l'animal trouvera probablement d'autres endroits de la maison pour faire ses besoins. Il faut avant tout déterminer la raison pour laquelle il n'utilise pas le bon endroit !

À droite : *Sans bac à sa portée, le chat peut être tenté d'utiliser un autre endroit.*

Et si mon chat mâchonne mes papiers ?

32 Le comportement d'un chat qui mâchonne ou mange quelque chose de non comestible a pour nom « pica ». Il peut se manifester lorsqu'un chat s'ennuie, a faim, joue ou ressent du stress. Cela arrive souvent en présence du propriétaire, ce qui signifie, peut-être, que l'animal a trouvé un encouragement. Rechercher l'attention est fréquent chez le chat et vous pouvez remédier à ce comportement en lui proposant de nombreuses activités et en l'encourageant à jouer de façon plus appropriée. Tenez les papiers et autres objets hors de sa portée jusqu'à ce qu'il ait perdu cette habitude. Assurez-vous qu'il a un bon régime alimentaire. Faites attention à ce qu'il n'ingère pas trop d'encre car cela peut s'avérer toxique (voir aussi « Et si… ? » n° 148).

À droite : *Grignoter du papier est une manie habituelle chez les chats.*

33 Et si mon chat mâchonne mes pulls ?

Certains chats – siamois ou autres races orientales – sont particulièrement enclins à suçoter ou à mâchonner des matières comme la laine. Ce comportement peut quelquefois avoir pour source des problèmes de sevrage du chaton avec sa mère, mais des races comme les siamois semblent avoir une prédisposition génétique pour ce comportement. On suppose que l'action de mâchonner ou de suçoter procure du plaisir à l'animal c'est pourquoi il persisterait à le faire.

Le suçotage de la laine est une habitude généralement inoffensive même si elle est gênante Mais elle peut s'avérer extrêmement dangereuse chez ceux qui en ingéreraient beaucoup, car cela pourrait provoquer des occlusions intestinales. S'il s'agit d'une prédisposition génétique ou de difficultés lors du sevrage, le comportement, s'il n'est pas traité durera probablement toute la vie du chat. Si le problème prend une forme extrême, il faudra associer un traitement comportemental à un traitement médicamenteux délivré par votre vétérinaire. Ces médicaments peuvent contribuer à réguler les récepteurs chimiques du plaisir et permettre ainsi de rompre le cycle.

Ci-dessus : *Attention à la laine, certains en avalent des quantités dangereuses.*
À droite : *Alors que certains chats jouent seulement avec la laine, d'autres prennent l'habitude malsaine de la mâchonner ou de la suçoter.*

Solutions : pour empêcher l'aggravation du problème il faut tenir pulls, écharpes ou couvertures en laine hors de la portée de votre chat, et l'encourager à s'impliquer dans d'autres activités lui fournissant de l'exercice et des stimulations plus appropriées. Les chats qui peuvent sortir de la maison présentent moins de risques de développer ce type d'habitudes. Détournez son désir de mâchonner vers des objets plus appropriés comme des jouets et des os à ronger pour chat, ou en fractionnant ses repas en plusieurs fois. Procurez-lui des activités de remplacement, comme des jouets à explorer, qui le satisferont et le contenteront.

Si votre chat semble développer un comportement problématique, il est utile de demander à un spécialiste d'y remédier.

Et si mon chat mange les plantes ?

34

La plupart des plantes d'intérieur et beaucoup de variétés des jardins ne sont pas faites pour être mangées ; elles sont facilement endommagées et elles peuvent être toxiques pour les chats, même ingérées en petites quantités. Certaines plantes, notamment de nombreuses variétés de lys, peuvent provoquer l'avortement et même la mort en quelques heures. Ces plantes étant devenues plus répandues dans nos jardins et nos compositions florales, les propriétaires doivent être hautement conscients de leur danger. Même ***l'ingestion de petites portions de feuille ou de fleur peut provoquer la mort***. Le pollen peut se déposer sur la fourrure de votre chat et être ingéré pendant qu'il fait sa toilette.

À droite : *Vérifiez la toxicité de vos plantes : certaines peuvent être dangereuses. Placez-les hors de portée de votre chat.*

Ci-dessous : *Des plantes d'extérieur très répandues comme les jonquilles peuvent aussi être nocives, spécialement pour les jeunes chats curieux. Ne plantez que des variétés non toxiques.*

Solutions : placez les plantes dans des endroits inaccessibles pour votre chat. Essayez d'acheter des plantes qui ne présentent aucun danger pour les animaux. Plantez vous-même de l'herbe à chat dans des pots disposés de sorte qu'il y ait accès, afin qu'il trouve des végétaux inoffensifs et savoureux chaque fois qu'il en aura envie. Les graines d'herbe à chat se trouvent dans les jardineries, les rayons plantes des supermarchés, et les sites de vente en ligne (voir « Et si… ? » n° 139.)

Et si mon chat grimpe aux rideaux ?

Ci-dessous : *Les rideaux sont attrayants pour un chat actif. Mais, outre les dégâts, l'animal court le risque de s'étrangler dans les cordons ou de rester accroché par une griffe.*

35 Grimper aux rideaux est un jeu qui tente beaucoup de jeunes chatons. Des chats de races particulièrement actives peuvent encore le faire une fois adultes. Les chats d'intérieur qui développent leur énergie à la moindre occasion sont souvent excités par ce jeu. Néanmoins, en dehors des dégâts redoutables de ce passe-temps, ce comportement n'est pas sans dangers. Le chat peut rester attaché par ses griffes ou peut se prendre le cou dans les cordons du rideau.

Solutions : faites jouer votre chat dans une autre pièce quand il est disposé à s'exercer ; restreignez son accès à la pièce quand vous n'êtes pas là pour le surveiller. Vous pouvez même envisagez d'envelopper vos rideaux dans un voile de plastique jusqu'à ce que l'animal ait reporté son intérêt sur de nouveaux jeux. Comme il est apparemment un grimpeur frustré, envisagez d'acheter un arbre à chat ou un autre accessoire spécialement prévu à cet effet. Ces objets sont hauts, munis de plusieurs plateaux et conçus pour améliorer l'environnement de votre chat. Il vaut mieux satisfaire ses besoins plutôt que le punir du seul fait d'être un chat…

Certains propriétaires sont parvenus à décourager ce comportement en enroulant les rideaux sur la barre ou en les décrochant légèrement de sorte qu'ils tombent lorsque le chat commence à y grimper. Après quelques tentatives, l'animal apprend que cet exercice ne vaut pas la peine d'être pratiqué. On peut alors raccrocher le tissu correctement. Mais il faut veiller à ce qu'en tombant les rideaux ne sèment pas des crochets de suspension que votre chat pourrait avaler.

Vous pouvez aussi acheter des détecteurs de mouvements chargés de vous alerter chaque fois que votre chat se dirige vers les rideaux.

En règle générale, il faut le complimenter de ne pas jouer avec les rideaux et l'encourager à des jeux plus appropriés. Pour éviter qu'il s'attaque de nouveau aux rideaux, proposez-lui des activités et continuez à varier ses jouets.

Et si mon chat fait le fou ?

36

Beaucoup de chats connaissent des moments où ils se précipitent dans la maison comme s'ils étaient poursuivis. Ils bondissent sauvagement, grattent avec leurs griffes, sautent et courent. Les chatons ont fréquemment ce tempérament. Certains, n'ayant que peu de possibilités d'exprimer leurs instincts félins, attendent de longs moments ***avant de donner suite*** à leurs frustrations. Quand ils le font, leur comportement semble inapproprié ou hors de propos. Si vous avez procuré à votre chat des jouets contenant de l'herbe à chat, ses courses dans la maison peuvent être une réaction naturelle aux émanations chimiques de la plante (voir « Et si... ? » n° 56). Procurez-lui de nombreux jouets et fermez les portes des pièces contenant des meubles ou des objets de valeur. La plupart des chats deviennent plus calmes en vieillissant.

Et si mon chat bondit ou gratte à la fenêtre ?

37

On observe souvent ce comportement chez un chat actif qui essaie d'exprimer une conduite de prédation ou de jeu en réaction à un mouvement qu'il voit à l'extérieur. Il peut s'agir d'oiseaux, d'animaux posés sur la fenêtre, ou même d'ombres et de lumières. Le chat est probablement frustré de ne pas pouvoir exprimer suffisamment ses instincts dans d'autres occasions.

Solutions : deux ou trois fois par jour, consacrez un peu de votre temps à jouer avec le chat pour qu'il puisse chasser et bondir sur des jouets que vous manipulez ou qui sont suspendus dans la maison. Un jeune chat actif vivant à l'intérieur sera très heureux s'il a accès à un enclos spécialement conçu pour lui dans le jardin, avec, par exemple, des troncs et des rampes. Cela le stimulera et lui procurera un bon exercice physique.

À gauche et ci-dessus : *Même un chat d'intérieur désire instinctivement chasser et bondir sur des proies.*

Et si mon chat grimpe sur la table de la cuisine ?

38 Il n'est pas recommandé qu'un chat se promène sur le pla de travail de la cuisine ou sur la table de la salle à mange dans la mesure où il sort dans le jardin et se sert de se patins pour recouvrir ses excréments. Pour éviter qu'il prenne cette habitud montrez-vous cohérent dès l'arrivée du chat dans la maison et ne l'encourage jamais à grimper sur la table ou sur le plan de travail. Évitez de laisser sor des aliments qui pourraient tenter l'animal. Utilisez des feuilles d'adhésif (fac collante en l'air) ou de plastique pour le décourager, les chats détestant le surfaces collantes ou glissantes. Mettez-les en place chaque fois qu vous n'êtes pas là pour le surveiller, afin que l'animal comprenr que l'endroit est déplaisant en permanence. Vous pouve également appliquer la surface collante sur une feuille c contreplaqué pour la retirer ou la mettre en place selon vc nécessités. Cela évitera aussi de laisser des résidu d'adhésif sur votre plan de travail.

L'environnement doit offrir au chat des espace situés à des hauteurs variées car il se sent plus à l'ais quand il dispose de perchoirs où il peut se réfugie Créez dans la maison des lieux en hauteur où votre ch sera ***autorisé*** à sauter. Ces lieux sont fréquemment haut des placards, des armoires, des étagères, ou le arbres à chat. Votre chat se sentira probablement mieux s a accès à ces lieux en hauteur où il peut se reposer regarder les environs.

Et si mon chat collecte de petits objets ?

39 Les chats transportent fréquemment leurs jouets ou autre objets à travers la maison. ***Les raisons de ce geste*** peuve être multiples. Certains chats rapportent leur butin à le propriétaire, d'autres les cachent ou en font des nids. Les femelles peuve faire de fausses grossesses et avoir besoin de constituer des nids avec de objets remplaçant les chatons. C'est un problème hormonal et vot vétérinaire vous conseillera sur la marche à suivre.

Certains chats apprennent à attirer l'attention de leur propriétaire en trans portant leurs objets personnels. Ils comprennent très vite que le propriétai réagit à leur geste et le font dans ce but. Dans un groupe naturel de chats, mère chatte ou un autre adulte apprend au chaton à chasser en rapporta une proie vivante au nid pour que lui ou d'autres s'exercent. Un chat domes tique peut utiliser ses jouets ou d'autres objets de la même façon s'il r dispose pas de proies à chasser.

Cacher les objets n'est pas en principe une conduite inquiétante. Quar un chat joue normalement, il peut cacher ses jouets pour pouvoir s'en ser quand il veut. Cela s'observe surtout dans une maison agitée, où il arrive qu les objets qu'il laisse soient introuvables à son retour. Enfin, de temps e temps des chats prennent goût aux objets de valeur ou les cachent c manière obsessionnelle, ce qui peut causer des problèmes s'ils les o dérobés chez le voisin !

Et si mon chat n'aime pas boire dans son bol ?

40 Si vous vous inquiétez parce que votre chat ne boit pas assez d'eau, contactez votre vétérinaire (voir « Et si… ? » n° 111). Certains aliments contiennent un fort taux d'humidité et quand votre chat s'en nourrit, il peut ne pas avoir aussi soif que lorsqu'il absorbe des aliments secs. S'il ne boit jamais dans son bol, c'est peut-être aussi qu'il n'aime pas son emplacement. Assurez-vous que l'endroit est tranquille, sûr et facile d'accès. Les chats âgés ou rhumatisants peuvent avoir du mal à accéder à un bol placé en hauteur.

L'odorat et le goût du chat diffèrent des nôtres. L'eau stagnante peut se vicier très vite et cela peut rebuter un chat. Son eau doit être fraîche et il faut la renouveler tous les jours et plus souvent encore par temps chaud ou si votre animal est malade. Certains chats préfèrent boire de l'eau courante et dans ce cas, une fontaine à chat est un bon achat car le système ne gâche pas d'eau. C'est une sorte de bol dans lequel de l'eau filtrée circule en permanence. Le mouvement de l'eau garantit sa bonne oxygénation et sa fraîcheur au goût et à l'odorat. Les bols en céramique et en plastique accumulent rapidement les bactéries et il faut les laver tous les jours. Les bols en plastique peuvent aussi avoir une odeur qui rebute certains chats.

Assurez-vous que son collier ne frotte pas contre le bol quand il boit et ne le gêne pas. S'il y a plus d'un chat dans la maison, procurez-leur plusieurs bols à eau en différents endroits pour éviter les disputes. Certains chats préfèrent aller boire dans le jardin, mais disposez quand même toujours un bol d'eau fraîche à l'intérieur de la maison.

;i-dessous : *Les chats iment l'eau fraîche et ont souvent attirés par ›s robinets qui gouttent. Ine fontaine à chat est ne bonne solution ›our un usage quotidien.*

Ci-dessous : *On donne souvent du lait de vache aux chats mais beaucoup ne parviennent pas à le digérer. L'eau fraîche est beaucoup plus saine, elle contribue au bien-être de l'animal.*

Et si mon chat refuse de manger dans son bol ?

41 Votre chat montre-t-il encore de l'appétit ou a-t-il du mal manger ? La perte d'appétit peut être l'indice d'un problèm médical (voir « Et si... ? » n°s 128 et 131). Dans ce cas, vou devrez sans doute consulter votre vétérinaire.

S'il s'agit d'un problème de comportement, vous devez examin certains points déjà abordés dans « Et si... ? » n° 40. Le bol ou gamelle sont-ils trop profonds pour qu'il y mange ? Ont-ils ur désagréable odeur de plastique ? Son collier vient-il heurter le bo du bol ? L'emplacement de la gamelle a aussi son importance. U chat anxieux ou nouveau dans la maison peut refuser d'y mang si elle est placée trop près des humains, dans une zone c passage ou trop près de son bac. Les chats aiment se sentir e sécurité quand ils mangent.

La compétition entre chats de la maison peut aussi décourager de manger. Une tension sous-jacente peut inciter u chat à ne pas manger quand un autre se trouve dans le voisinag Enregistrez en vidéo vos chats quand ils mangent, leur attitude pe vous donner un indice sur ce qui se pass Cela aidera en tout cas votre comporteme taliste à faire un diagnostic précis.

Si vous avez eu à traiter votre chat e mêlant des médicaments à sa nourritur cette expérience peut l'avoir dégoûté et peut expliquer qu n'ait pas envie de manger dans sa gamelle. Un comprimé administré penda qu'il mangeait a pu lui donner de l'aversion pour cet endroit. Dans ce ca changez l'emplacement et le type de récipient et ajoutez quelque chose d'irr sistible à ses aliments. Ramenez progressivement la gamelle à sa plac d'origine quand votre chat a retrouvé son appétit.

***Ci-dessus :** Ne pas manger dans la gamelle peut venir d'un problème de santé ou de comportement.*

Et si mon chat est difficile ?

42 Les chats sont réputés difficiles, ils apprécient ur alimentation variée. Néanmoins, tenez-vous en à des alimen pour chat, sauf si vous voulez lui offrir de la viande ou c poisson comme gourmandise occasionnelle. Ne cédez pas au sentiment c culpabilité quand l'animal miaule et quémande. Un chat nouveau dans maison doit être nourri avec les aliments dont il a l'habitude, auxquels vou substituerez progressivement ceux que vous préférez quand il se se habitué à son nouveau foyer. Les chats n'ont pas besoin de beaucoup c nourriture à la fois. De petits repas réguliers sont beaucoup plus nature et permettent d'offrir des saveurs variées. Ce que vous lui donnez manger doit convenir à l'alimentation féline : ne cherchez jamais à en fai un végétarien. Si, subitement, votre chat fait le difficile, consultez vot vétérinaire. L'animal peut avoir des problèmes dentaires, et préférer de aliments mous. Le stress conduit parfois les chats à changer d'habitude alimentaires, examinez donc attentivement son comportement. S'il mont d'autres signes de stress, demandez de l'aide à votre comportementalis pour résoudre le problème.

Et si mon chat miaule pour être nourri ?

À droite : *Les chats apprennent vite à répéter les conduites qui leur valent des récompenses. Le miaulement est souvent pris à tort pour une demande de nourriture mais il peut avoir un grand nombre de significations.*

43 On pense souvent qu'un chat qui miaule a faim. S'il est réellement affamé, un examen vétérinaire sera nécessaire pour déterminer d'éventuels désordres hormonaux. Votre vétérinaire pourra vous conseiller un régime alimentaire adapté fournissant la quantité voulue de calories tout en procurant à votre chat satisfaction et satiété. Tant que le chat est en bonne santé et dispose d'une nourriture quotidienne suffisante, s'il miaule, c'est vraisemblablement qu'il a appris à demander. Les chats apprennent vite que le miaulement attire l'attention de leur propriétaire et que cela peut leur valoir des aliments ou des caresses agréables.

Quand l'animal aura appris que l'usage de sa voix lui procure de l'attention et de la nourriture, il cherchera vraisemblablement à miauler plus souvent, à toute heure du jour et de la nuit, surtout quand la maison est calme et ne lui offre pas d'autres distractions.

Pour résoudre ce problème, il est essentiel que tous les membres de la maisonnée soient unanimes à ignorer ces demandes. Au début, votre chat cherchera à obtenir satisfaction en miaulant plus fort. C'est absolument normal et connu des comportementalistes sous le nom de processus de disparition (voir p. 29). Munissez-vous de boules Quies® pour vous mettre en mesure de résister aux demandes de votre chat, même durant la nuit. Si ses efforts supplémentaires ne lui procurent aucune récompense (nourriture ou attention de votre part), votre chat cessera de se dépenser en vain.

Dès qu'il se sera calmé, vous devrez lui donner aliments et attention. Mais si vous réagissez à ses demandes et à ses miaulements accrus, le problème ne fera que s'aggraver.

Solutions : jouez plus souvent avec votre chat pour qu'il soit plus actif mais toujours heureux. Installez des distributeurs de nourriture exigeant des efforts et de la dextérité avant que le chat puisse accéder aux aliments. Ils absorberont son temps et son énergie, et feront appel à ses instincts naturels de prédateur, les plus satisfaisants pour lui.

Modifier les demandes vocales de votre chat prendra un temps variable, selon les tendances naturelles de l'animal et le moment depuis lequel ses miaulements lui ont valu des récompenses. S'il appartient à une race naturellement « bavarde » comme les siamois, vous devrez accepter le fait que le silence total est hors de portée. Si votre chat vieillissant se met soudain à miauler beaucoup ou à se montrer toujours assoiffé ou affamé, ***vous devez consulter votre vétérinaire***.

Et si mon chat sort les aliments de son bol ?

44 Beaucoup de chats retirent un morceau de nourriture de leu assiette pour aller le manger ailleurs. Cela tient au fait que les félins (même petits) sont des chasseurs solitaires par nature faits pour capturer, tuer et consommer de petites proies par leurs propres moyens. Parfois, quand plusieurs chats cohabitent dans le même foyer, il es plus simple que chacun ait sa propre assiette.

Essayez de procurer à chaque chat sa gamelle et placez-les en des lieux distincts. Par ailleurs, il peut arriver que les chats emportent les morceaux de nourriture les plus gros pour s'en repaître loin des autres. Pas d'inquiétude tous ces comportements sont naturels.

Et si mon chat perd ses poils sur les meubles ou le lit ?

45 Les chats perdent leurs poils et en déposent partout où ils dorment. Brosser l'animal régulièrement réduira la masse de poils laissés dans la maison. Commencez à brosser votre chat dès son plus jeune âge, même s'il a le poil court. De brèves séances de brossage avec des brosses adaptées doivent être associées à des récompenses savoureuses. Le poil peut être enlevé du mobilier à l'aide de rouleaux adhésifs conçus à cet effet. Disposez des couvertures là où vous permettez à votre chat de dormir pou que la majeure partie de ses poils s'y dépose. Néanmoins, s'il commence à perdre beaucoup de poils, devien léthargique ou modifie un autre de ses comportements, vous devez consulte votre vétérinaire.

À gauche : *Le confort de nos meubles attire les chats qui laissent des poils sur les coussins et les dessus-de-lit où ils passent des heures à dormir profondément.*

Et si mon chat n'utilise pas son nouveau panier ?

46 Le chat choisit souvent des endroits où il se sent en sécurité pour dormir, et vous devez choisir avec soin l'endroit où vous placez le panier que vous venez d'acheter. Posez-le sur un buffet où votre chat peut sauter (les chats préfèrent souvent les endroits en hauteur), ou fournissez-lui un panier de radiateur (suspendu au radiateur) dans lequel il sera au-dessus du sol ***et*** agréablement au chaud. Tapissez le panier de sa couverture préférée pour introduire son odeur dans cet obje neuf. Une fois qu'il commencera à s'en servir, il y communiquera sa propre odeur. Ne le forcez jamais à se servir de son panier. Montrez-lui seulemen l'endroit et offrez-lui récompenses et compliments quand il s'y trouve. S' abandonne son panier, interrompez les récompenses pour qu'il établisse des associations positives fortes avec le fait d'y dormir.

Et si mon chat veut dormir sur mon lit ?

47 Se trouver près de vous dans un endroit chaud et confortable est le rêve de bien des chats domestiques. Pour peu qu'on les y encourage, cela deviendra une habitude. Votre odeur ou votre parfum les rassure et ils disposent généralement de votre lit durant la journée. Si vous n'aimez pas avoir votre chat sur le lit, ne l'encouragez jamais à y monter ; procurez-lui un autre lieu de repos, en le complimentant s'il s'en sert. Fermez toujours la porte de la chambre pour l'empêcher d'y pénétrer.

Et si mon chat n'utilise pas ses nouveaux jouets ?

48 Le chat apprécie l'odeur, le mouvement, la texture et le son d'un jouet : assurez-vous que ceux que vous lui offrez satisfont tous ses désirs. Procurez-lui une vaste gamme de jouets pour qu'il ait un sujet d'intérêt quelle que soit son humeur. Les chats peuvent être très difficiles sur le choix de leur activité et vous devrez apprendre à connaître les préférences du vôtre. S'il est peu joueur ou nerveux, vous devrez l'inciter lentement à se mettre à jouer. Certains chats sont plus confiants s'ils jouent hors de la présence des humains, d'autres semblent préférer jouer avec leur propriétaire.

Solutions : disposer de plusieurs petites boîtes remplies de jouets différents présente des avantages. Alternez les boîtes au fil de la semaine, en assurant à votre chat de quoi l'occuper en toutes circonstances. Un chat peut se lasser de voir les mêmes jouets tous les jours. Vous pouvez cependant lui laisser son jouet favori en permanence.

Vérifiez toujours, avant de lui donner un nouveau jeu, que cet objet ne présente pas de danger. De très petits objets peuvent être ingérés et provoquer des occlusions intestinales, évitez donc les balles trop petites, les cordes, rubans et élastiques. ▶

Ci-dessous : *Un chat peut jouer avec l'objet le plus simple et ignorer les cadeaux les plus coûteux !*

Ci-dessus : *Des jouets de petite taille permettent au chat de tester son agilité et sa précision. Lui offrir un exutoire pour ses instincts de prédateur est très important, cela lui épargne des frustrations pouvant dégénérer en problèmes de comportement.*

Les jouets du commerce destinés aux chats sont variés. Les balles de ping-pong avec des trous, les balles à grelot, les fausses souris, les jouets à plumes, les bâtons à chat, les jouets renfermant une friandise ou de l'herbe à chat attiren l'animal au gré de son humeur. Certains jouets favorisent les jeux solitaires, d'autres requièrent la participation du propriétaire Il est judicieux de disposer d'un assortiment des deux types Étudiez soigneusement la place où vous les disposerez, les chats adorent découvrir des objets mais une balle qui roule sous ur canapé ne peut engendrer que de la frustration. Des balles er plastique dans l'entrée ou dans la baignoire vide offriront à votre chat de fantastiques parties de chasse.

Des jouets « maison » peuvent aussi amuser votre chat e vous pouvez fabriquer des objets qui attireront son attention Les types les plus populaires incluent des jouets encouragean ses comportements de chasseur. Des cartons percés de trous avec des friandises à l'intérieur amènent le chat à y glisser ses pattes pour s'emparer de ce qui l'attire. On peut aussi perce une bouteille de plastique de nombreux trous, la remplir de croquettes sèches qui s'échappent chaque fois que le chat la déplace Pour certains chats, la bouteille doit être percée de trous plus grands au départ avant de leur proposer des versions plus sportives.

Des ficelles avec des plumes bien attachées, des pompons de laine, des jouets qui couinent peuvent séduire les tempéraments de chasseur. Ils vous permettent soit de participer au jeu en les manipulant soit de les laisse suspendus à disposition du chat. On peut mettre du papier et des friandises dans un tube de carton pour que le chat s'ingénie à accéder à ces gâteries Les stylos laser sont également devenus populaires. Ils émettent un étroi faisceau de lumière sur le sol pour attirer l'attention du chat et on le déplace au fur et à mesure qu'il tente de l'attraper. Pourtant, le chat ne pouvant jamais attraper sa « proie », la frustration peut devenir extrême. Dans ce cas, jouez avec le faisceau et terminez le jeu en dirigeant la lumière sur un jouet favori du chat qui peut être « capturé » (avec le laser éteint). Ce résultat beaucoup plus satisfaisant récompensera ses efforts.

Les chats peuvent mettre du temps à jouer de façon intéressante avec ur nouveau jouet ; ne vous découragez pas si votre animal semble indifférent à vos efforts. Recourez toujours au bon sens quand vous fabriquez un jeu et ne laissez jamais votre chat seul avec tout objet qui pourrait l'étrangler ou le blesser.

Et si mon chat n'utilise pas la chatière neuve ?

49 La nouveauté peut inciter un chat à la prudence. À moins qu' ait appris très jeune, avec sa mère, par exemple, à se servi d'une chatière, il lui faudra vraisemblablement un peu de temps pour l'utiliser en toute confiance. Les chats sont capables d'apprendre en observant : si un autre chat de la maison se sert régulièrement de la chatière, cela pourra l'encourager.

Si votre chat hésite à passer par la chatière en raison d'une anxiété qu'il éprouve à aller dehors, reportez-vous à « Et si… ? » n° 108. Il peut craindre la chatière parce que d'autres chats ou même votre chien l'ont attaqué dehors. Cette insécurité doit être résolue avant qu'il puisse trouver le courage voulu pour utiliser la chatière couramment (voir « Et si… ? » nos 91 et 92).

Solutions : maintenez d'abord la chatière en position ouverte pour que votre chat y passe le regard. Attirez-le de l'autre côté en l'appelant et en lui offrant sa friandise préférée (ou en agitant sa boîte de croquettes si c'est son bruit favori). Après des heures d'entraînement, refermez progressivement la chatière pour qu'il prenne l'habitude de la pousser. Vérifiez que la porte s'ouvre facilement. Assurez-vous que le mécanisme magnétique ou électrique fonctionne correctement pour que le chat n'y reste pas coincé, s'effraie d'une fermeture brutale ou échoue à sortir parce que la porte ne s'ouvre pas. Ces incidents seraient tous désastreux.

…t si mon chat lèche des objets en plastique ?

50 Cette conduite étrange s'explique de multiples façons. Certaines théories affirment que le chat détecte l'odeur ou la saveur du plastique, d'autres suggèrent que c'est la texture qui l'attire, d'autres encore prétendent qu'il s'agit d'un désordre compulsif comparable au pica (mâchonnage de matières non comestibles) ou au suçotage de laine (voir « Et si… ? » nos 32 et 33). Il est toujours recommandé de détourner votre chat de cette activité et de l'encourager, par des jeux notamment, à des comportements plus profitables.

À droite : *Tenez les sacs en plastique hors de portée de votre chat. Les morceaux qu'il risque d'avaler provoqueraient une occlusion intestinale.*

…t si mon chat aime lécher les photos ?

51 Les chats peuvent être attirés par l'encre des photographies jusqu'à les lécher, en altérant leur surface. ***C'est extrêmement dangereux, ces encres étant toxiques***. Mettez toujours vos photos sous verre ou rangez-les hors de portée de l'animal.

Si vous observez ou pensez que votre chat a léché des photographies, vous devez consulter votre vétérinaire.

Et si mon chat se cache sous les lits ?

52 Les chats nerveux cherchent parfois des cachettes quand i se sentent menacés. Il leur arrive même de se cacher quar la maison reçoit des visiteurs pour ressortir après leur dépar C'est une réaction féline naturelle quand un chat n'est pas à l'aise avec le humains. Les chats venus de refuges, ou qui ont eu trop peu de contac humains, ou qui ont été maltraités, ont pu développer des peurs et le comportement est compréhensible. Il est essentiel que ces chats aient accè à une cachette sûre. Ne forcez jamais votre chat à sortir devant des visiteur.

Si votre chat éprouve une autre peur, celle d'un autre animal ou d'ur activité dans la maison, vous devez étudier la situation : il ne s'agit pa forcément d'un problème, il se peut que, dans certaines circonstances, il s sente en toute sécurité sous le lit. D'autre part, un chat nouveau dans maison se cache souvent en attendant les moments calmes pour sortir.

À mesure qu'il se familiarisera avec son nouvel environnement et trouve d'autres places sûres, le chat passera davantage de temps hors de s cachette. Si votre maisonnée est très active bruyante, demandez-vous si elle convient à u chat nerveux.

Solutions :

- Encouragez votre chat à sortir en lui laissa des friandises à chercher. Laissez-les po commencer à proximité de sa cachette éloignez-les progressivement.
- Ne cherchez pas à vous adresser de la voi du geste ou du regard à votre chat quand il sc de sa cachette. Il doit se sentir en parfai sécurité et risque de se sentir menacé par de réactions venant trop tôt. Une fois qu'il e calmé, commencez à lui parler doucement.
- Quand votre chat est suffisamment à l'ais pour venir en votre présence, laissez- s'approcher de son plein gré. Disposez de friandises dans l'endroit qu'il explore.
- Disposez un bac à litière à proximité pour qu le chat ne fasse pas ses besoins dans s cachette, ce qui provoquerait du stress po vous comme pour lui. Créez d'autres cachette en dégageant des étagères ou en plaçant de cartons dans la maison de sorte qu'il se sen en sécurité pendant qu'il étudie son nouvea territoire.
- Ne permettez jamais à vos enfan d'approcher de sa cachette, écartez tout obj qui pourrait l'effrayer. Quand il en sort, il dc pouvoir explorer de son plein gré son nouv espace, et prendre tout le temps nécessai pour se rassurer.

Et si mon chat tente de s'enfuir ?

53 Certains chats sont attirés par l'extérieur et toutes ses séductions. Si votre animal a eu l'expérience des sorties et sait quelles stimulations offre le monde extérieur, il peut se sentir frustré de ne plus pouvoir aller dehors. Ce type de chat aimera accéder au moins à un enclos à chat dans le jardin. Un simple petit balcon accessible par une fenêtre pourra lui offrir une expérience de l'environnement. Mais vous devrez aussi créer à l'intérieur de votre maison d'autres zones d'intérêt, comme des stations de jeu, des jouets ou de nouveaux endroits où dormir. Encouragez votre chat à dépenser son énergie en extrayant des friandises de ses jouets ou en tentant de saisir des plumes sur des bâtons à chat. Assurez-vous que tous les membres de la maisonnée sauront ouvrir la porte d'entrée sans que l'animal s'échappe à cette occasion.

D'autres chats peuvent chercher à échapper à quelque chose qui les terrifie dans la maison. Il peut s'agir de congénères, d'autres animaux, d'enfants ou de bruits pénibles. Essayez d'identifier ce qui le rend nerveux, traitez le problème et votre chat aura moins envie de s'évader. L'utilisation d'un diffuseur de phéromones (voir p. 30) peut réduire son stress pendant que vous procédez aux changements voulus.

À gauche : *Les chats, rois de l'évasion, savent se glisser par la plus petite fenêtre, franchir les murs les plus hauts et même profiter d'échafaudages provisoires : les propriétaires doivent être vigilants.*

Et si mon chat fait tomber des bibelots ?

54 La curiosité des chats a causé la perte de nombreux objets précieux. Le chat a un désir naturel de grimper et de sauter et il faut lui fournir des endroits où il peut le faire en toute sécurité. Découragez-le de grimper dans des endroits indésirables en y disposant temporairement de l'adhésif double face ou des écorces d'agrume. Cela lui ôtera l'envie d'y grimper : les chats détestent en effet ce qui colle à leurs pattes ainsi que l'odeur des agrumes ou du poivre. Fixez vos bibelots avec des adhésifs puissants et rangez dans un buffet les plus précieux d'entre eux.

Procurez à votre chat des lieux appropriés et des perchoirs élevés, son besoin de grimper est naturel. Souvenez-vous toujours que l'espace du chat est aussi bien vertical qu'horizontal : cherchez à le satisfaire dans toutes ces dimensions.

droite : *Un vase brisé ichera le propriétaire, mais es accidents peuvent être ussi dangereux pour chat qui peut se couper u ingérer de menus bouts e verre ou de porcelaine.*

Et si mon chat est effrayé par l'aspirateur ?

55 Il est tout à fait naturel qu'un chat soit effrayé par un obj aussi bruyant qu'un aspirateur. Mais ce comportement se sans doute plus fréquent si le chat n'a pas connu la vie d'ur maison et de son brouhaha quand il était chaton. Il est possible de réduire sc stress à la vue et au bruit de l'aspirateur. Tout d'abord, ne le forcez jamais rester dans la pièce et n'approchez jamais l'appareil de lui. Beaucoup de cha se sentent mieux s'ils sont libres de sortir de la pièce. Veillez donc à laisser porte ouverte. Il aura la possibilité de rester dans la pièce et il est trè vraisemblable qu'il se sentira heureux de pouvoir rester en hauteur à vou regarder en toute sécurité.

Si votre chat est très effrayé, vous pouvez l'insensibiliser au bruit en l passant un CD d'effets sonores très doucement et en l'accoutumant progres sivement en augmentant le volume. D'autre chats peuvent s'accommoder du bruit de l'asp rateur qu'on passe si l'on garde les porte fermées. Durant ces séances vous aurie avantage à jouer avec lui ou à lui offrir son pl favori pour qu'il se sente bien et associe c bruit à la vie normale de la maison.

Et si mon chat est rendu fou par certaines plantes ?

56 Il y a de grandes chances que ces plantes appartiennent à famille *Nepeta* comprenant toutes sortes d'herbes à cha Brisées ou endommagées, elles émettent des odeurs c stimulent le chat et provoquent en lui des réactions d'extase, où il se frotte, s roule, saute et ronronne. La substance chimique en cause se nomme népétalactone. Les chats, dans leur grande majorité, sont assez sensibles, mais l'ampleur des réactior tient à leur héritage. Les chats très jeunes ou âgé sont probablement moins sensibles à l'herbe chat. Après une forte réaction initiale, le chat s calme peu à peu. Il réagira à nouveau à prochaine rencontre d'herbe à chat. Cet plante donne beaucoup d'attrait aux joue ou aux jardins pour chat, tentez donc d'e faire des semis.

Et si mon chat pétrit les coussins ou pétrit mon corps ?

57 Beaucoup de chats se mettent à pétrir quand ils vont s reposer ou quand ils se sentent particulièrement à l'ais L'origine de ce comportement remonte au chaton chercha à faire couler le lait quand il tète sa mère. Il peut aussi arriver qu'il ronronne suçote ou bave en le faisant. Les chatons qui n'ont pas été convenableme sevrés par leur mère, qu'elle les ait rejetés, qu'ils lui aient été enlevés trop ou qu'on les ait élevés au biberon, présentent souvent ce comporteme jusqu'à l'âge adulte. Quand elles sont en chaleur, les femelles peuvent aus pétrir plus souvent. Il pourrait donc aussi s'agir d'un comportement sexuel.

Si votre chat pétrit sur vous et que cela vous déplaît, déplacez doucement l'animal vers un coussin ou un jouet. L'action de pétrissage peut s'accompagner d'une extension et d'une rétraction des griffes, désagréables pour le corps humain. Dès que votre chat se livre à ce genre d'activités, déplacez-le gentiment. Ne le punissez pas puisque c'est une réaction naturelle et qu'il serait stressé et embarrassé si on lui en faisait reproche.

Ci-dessus : *Les chatons bien portants pétrissent pour faire couler le lait maternel.*

Et si mon chat se toilette sans fin ?

58 Le toilettage excessif peut indiquer la présence d'un parasite ou une douleur localisée et votre chat doit être examiné par votre vétérinaire dans les meilleurs délais (voir « Et si… ? » n° 150). Ce comportement peut aussi accompagner un stress important causé par un détail de l'environnement ou l'absence de stimulation. Le toilettage sert souvent aux chats à diminuer leur tension et à se calmer. Si le chat ressent un stress excessif ou s'il a trop peu d'occupations, le toilettage peut être une manière de s'accommoder de sa vie quotidienne.

Le toilettage excessif sans raison médicale doit aussi être considéré comme un signe de manque dans la vie de votre chat. C'est plus grave qu'une robe terne ou des boulettes de poil en excès. Il faut étudier ses conditions de vie et identifier les causes possibles de ce comportement afin d'y porter remède.

Si votre chat est extrêmement stressé ou se livre depuis très longtemps au toilettage excessif, votre vétérinaire prescrira probablement à l'animal des médicaments contre l'anxiété. Dans ce cas, l'avis d'un spécialiste en comportement vous aidera à traiter les problèmes d'environnement ou de cohabitation à l'origine de ce stress. Si vous ne le faites pas, le problème risquera de se reproduire.

Ci-dessus : *Le chat aime naturellement la propreté, il se toilette plusieurs fois par jour.*

À droite : *Si votre chat ne se laisse pas distraire durant sa toilette ou si sa peau laisse apparaître des endroits à nu, demandez conseil à votre vétérinaire.*

PROBLÈMES ET ACCIDENTS EN SOCIÉTÉ

PARTIE 3

SOMMAIRE

INTRODUCTION

Les chats ont beau être les animaux de compagnie les plus répandus ils peuvent être à l'origine de nombreux problèmes quand ils sont e société, soit avec leurs propriétaires, soit avec les autres animaux d la maison. Cela peut être grave, les morsures et les griffures notamment, peuvent transmettre des infections : il faut les prendre a sérieux. Si les rencontres stressent votre chat, demandez à votr comportementaliste d'analyser la situation et de vous proposer u traitement adapté.

Et si mon chat mord ou griffe quand je le caresse ?

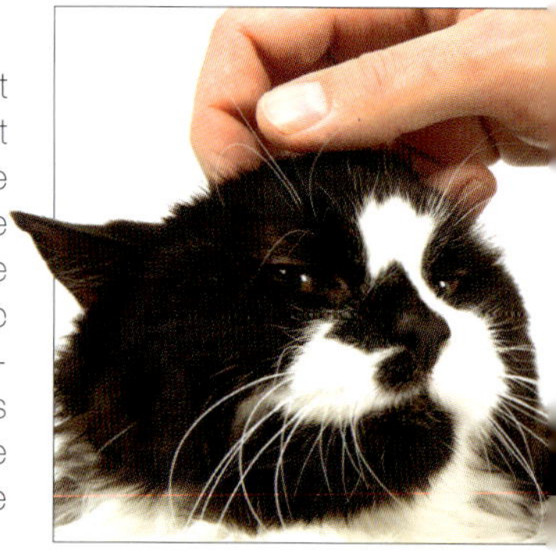

À droite : *Les oreilles abaissées, le poil hérissé ou la queue qui bat annoncent une menace.*

59 Certains chats adorent venir sur les genoux et d'autres non. Chaque chat possède ses propres normes de tolérance. Les gènes jouent un rôle important, mais la socialisation précoce est aussi déterminante pour le tempérament de l'animal. Un chat qui n'a pas été traité gentiment dans son enfance se sent facilement anxieux quand on le prend dans ses bras une fois adulte.

Si votre chat est nerveux en société, vous devez le mettre en confianc progressivement. Soyez calme, patient, et si votre maisonnée est très active avec des enfants très remuants, il sera peut-être plus difficile de réduire so anxiété. ***Ne le forcez jamais à rester sur vos genoux.*** C'est en le laissant aller quand il en a envie qu vous le mettrez suffisamment en confiance pour qu' vous approche à nouveau. S'il choisit de ven s'asseoir à côté de vous, évitez de le caresse trop vigoureusement. Un geste doux, associé quelque chose qu'il adore – comme une friandise commencera à l'inciter à passer du temps avec vous Ne l'accablez jamais de caresses car il pourrait s mettre à vous éviter complètement.

Par ailleurs, certains chats qui paraissent trè confiants recherchent les caresses mais ils s'énerver de gestes ou démonstrations trop énergiques. Leu excitation débouche sur un comportement de je agressif au bout de quelques minutes. Souvent, o remarque que ces chats ont été encouragés à joue brutalement durant leur enfance, alors qu'ils étaier quasiment inoffensifs.

Résistez à la tentation de caresser votre chat e permanence. Flattez-le brièvement et laissez-le s reposer à nouveau. ***Des caresses douces et lente***

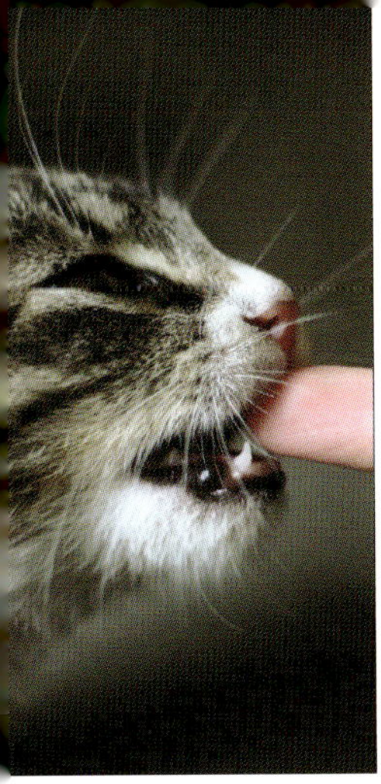

sont préférables à des mouvements rapides qui peuvent déclencher des morsures par jeu. Ne le caressez pas après des jeux mouvementés : les chats ont besoin de temps pour se calmer.

Ne criez pas et ne le frappez pas, cela ne ferait que le rendre plus agressif à votre égard. Essayez d'observer ses réactions même lorsque vous êtes occupé à regardez la télévision ou à converser au téléphone.

Si votre chat a toujours apprécié les caresses et change subitement de comportement, faites-le examiner par votre vétérinaire. Les accidents et les maladies peuvent provoquer une douleur ou une sensibilité exigeant des traitements d'urgence. N'oubliez pas de ***consulter un médecin en cas de morsure ou griffure***, car les chats transmettent parfois de graves infections.

Ci-dessus : *Attention ! Les chatons peuvent penser que les mains sont des jouets...*

Ci-dessus en haut : *Les doigts sont vulnérables, caressez votre chat lentement et calmement.*

À droite : *Après avoir réagi, le chat a besoin de temps pour se calmer.*

Et si mon chat provoque des allergies ?

***Ci-dessus :** L'allergie aux chats peut aller d'un léger reniflement à des difficultés respiratoires plus graves et exigeant un traitement médical.*

60 La plupart des allergies sont des réactions à un mélange de particules de peau et de salive séchée émis par le chat quand il se toilette ainsi qu'aux sécrétions de certaines de ses glandes. C'est pourquoi des chats nus ou qui ne muent pas peuvent aussi provoquer des allergies. Ces affections sont propres à chaque personne et varient beaucoup d'un individu à l'autre. Certains estiment que les chats à poil court provoquent moins d'allergies, d'autres ont des réactions très variées à des chats similaires. Des propriétaires dont l'allergie est légère la voient disparaître avec le temps. Le plaisir d'avoir un chat l'emporte souvent largement sur l'inconvénient d'une allergie mineure. On estime qu'environ un tiers de propriétaires allergiques continuent de vivre avec leur animal favori.

Solutions : voici des actions à entreprendre avant de renoncer à votre animal et de lui trouver un autre foyer…

- Tenez-le hors de votre chambre, et en tout cas hors de votre lit.
- Des purificateurs d'air puissants dans la maison aideront à supprimer les particules en suspension.
- Passez l'aspirateur régulièrement (avec un aspirateur muni d'un filtre efficace). Procurez-vous un appareil recommandé pour les personnes allergiques.
- Autant que possible, évitez d'acheter des tapis et des meubles qui recueillent et gardent les allergènes des années durant.
- Brossez quotidiennement votre chat pour qu'il émette moins de particules. S'il y consent, faites-le dehors ou dans un endroit bien ventilé pour vous éviter une réaction allergique violente. Habituez progressivement votre chat à ces soins et assurez-vous qu'il se sent calme et à l'aise.
- Disposez des couvertures aux endroits où dort votre chat, changez-les et nettoyez-les régulièrement. Cela devrait empêcher l'accumulation de poils et de particules sur votre mobilier.
- Souvenez-vous que les allergies se renforcent avec le temps. Pour réduire le risque que pourrait constituer votre chat, procédez à des nettoyages réguliers et évitez toute autre source d'allergie.

Et si mon chat saute quand je le caresse et devient très agité ?

61 Si votre chat prend habituellement plaisir aux caresses et devient subitement irritable, consultez la rubrique « Et si… ? » n° 59. Mais si votre chat saute de vos genoux et que vous observez aussi un frisson sur son dos, il est probablement en proie à ce que l'on nomme le ***Syndrome Hyperesthésique Félin***. Sa peau semble alors rouler ou se soulever de façon incontrôlable. Cela paraît résulter des caresses mais l'origine reste pour l'instant obscure. Certaines races y sont plus sujettes que d'autres. Ce syndrome semble créer un inconfort expliquant pourquoi le chat saute de vos genoux pour arrêter vos caresses. Les siamois, birmans et abyssins paraissent présenter ce problème un peu plus que les autres mais il

n'est nullement limité aux chats à pedigree. Cet état pouvant avoir une cause médicale, il est utile de demander à votre vétérinaire un examen complet (voir aussi partie 5). Si votre vétérinaire vous assure que tout va bien, vous aurez sans doute à régler le stress environnemental dont pourrait souffrir votre chat car on estime que cet état est associé à l'anxiété. Soyez vigilant quand vous caressez votre animal et arrêtez dès que vous remarquez le moindre signe de désagrément.

Et si mon chat se bat avec mon autre chat ?

En haut : *Beaucoup d'états héréditaires comme l'hyperesthésie féline restent inexpliqués.*

Ci-dessous : *Les chats devenant adultes peuvent se battre pour le territoire, le lieu de repos, les partenaires, la nourriture, l'eau...*

62 Les batailles entre chats sont un vrai souci pour les propriétaires. Si vos chats vivent ensemble avec bonheur depuis longtemps et se mettent tout à coup à se battre, vous devez demander à votre vétérinaire de tous les examiner pour détecter une éventuelle cause médicale à leur mauvaise humeur. S'il n'y a pas de problème de ce côté-là, vous devrez observer quels changements récemment survenus dans la maison ont pu rompre l'équilibre antérieur. Cela peut être un déménagement, le départ de membres de la famille...

D'abord, analysez les relations qu'entretenaient vos chats avant que ce problème n'apparaisse. Vous pouvez ne pas avoir remarqué des signes annonciateurs de disputes – des regards intimidants ou des conduites d'évitement. Le seul fait de cohabiter n'implique pas un sentiment de proximité. Les chats se toilettaient-ils mutuellement ? Se frottaient-ils pour se saluer ? Les trouviez-vous serrés l'un contre l'autre durant leur sieste ?

Si tel est le cas, leurs relations étaient probablement bonnes. Dans le cas contraire, ils ne faisaient sans doute que se tolérer et un événement a rompu l'équilibre. S'ils étaient étroitement liés, vous serez vraisemblablement capables d'identifier ce qui a altéré leur lien.

S'il s'agit d'animaux sur le point de devenir adultes, une rivalité sexuelle est sans doute à craindre.

Les attaques entre mâles devenant adultes sont fréquentes. Dans un groupe naturel, c'est l'époque où les jeunes mâles s'en vont chercher leur propre groupe. En devenant adultes, les femelles peuvent aussi se montrer agressives. La stérilisation réduit significativement ce type d'agression. Les chats plus âgés peuvent être agressifs car ils peuvent être moins disposés à vivre en société et des batailles peuvent se produire.

Si l'un des chats a été absent – même brièvement – de la maison, il peut rapporter des odeurs étrangères susceptibles d'énerver vos autres chats. Essuyez tous les chats avec un linge légèrement humide, surtout autour des zones faciales, pour communiquer les odeurs à chaque chat : cela aidera à recréer une odeur de groupe et à familiariser de nouveau le chat victime des attaques. Souvenez-vous que les odeurs informent le chat sur l'appartenance au groupe, encouragent les sentiments de familiarité et sont plus déterminantes que les souvenirs visuels.

Ci-dessus et ci-dessous :
Une distraction ou un bruit soudain interrompent efficacement une bataille qui menace. Observez les signes de tension pour empêcher tout combat.

S'il s'agit d'un chat nouveau dans la maison, les autres chats peuvent l'« accueillir » en défendant leur territoire. Reportez-vous au « Et si… ? » n° 79 pour des suggestions de présentation.

Solutions : il y a beaucoup de causes expliquant les agressions mais vous pouvez recourir tout de suite à quelques actions efficaces. Ne laissez pas les chats se battre. Cela ne résout pas leur conflit, cela peut même l'aggraver. Étudiez tous les changements récents survenus chez chacun des chats. Si l'agression est violente, il peut être nécessaire de séparer les chats et de les refamiliariser très soigneusement par de nombreuses séances. Créez des issues de secours supplémentaires pour le chat attaqué, des cachettes, des coins repas séparés, d'autres bacs à litière. Vous pouvez aussi utiliser un diffuseur de phéromones (en vente chez votre vétérinaire ou sur des sites en ligne) pour aider à calmer les colères.

Si vous repérez l'agresseur en train de menacer l'autre chat, interrompez l'incident en tapant des mains ou en trouvant un autre moyen de distraction. Placez vite un objet entre les chats. ***Ne recourez jamais aux punitions*** pour tenter de résoudre des problèmes d'agression. Ne tentez pas de les séparer car vous pourriez être blessé.

Et si mon chat se bat avec le chat du voisin ?

63 Les affrontements entre chats voisins sont très fréquents. C'est en général dû au fait que leurs territoires se touchent. Cette proximité ne se produit pas dans la nature. Aussi, chacun des chats pense que l'autre est un envahisseur, et, les propriétaires étant voisins, les animaux ne peuvent s'ignorer. Les rencontres sont donc inévitables. En parler avec le propriétaire de l'autre chat peut être utile. Cela peut éviter des visites chez le vétérinaire pour traiter morsures et blessures survenues dans la bataille. Restez calme et n'en faites pas une affaire personnelle : vous battre avec le voisin n'arrangerait rien ! La coopération est

nécessaire. Si vous entretenez de bonnes relations avec votre voisin, la solution la plus simple sera de vous mettre d'accord sur ***les heures de sortie de chaque chat***. Le reste du temps, l'animal restera à l'intérieur, ce qui devrait éviter tout conflit.

Solutions : si les chats doivent sortir en même temps, vous devez créer dans votre jardin des endroits où votre chat se sentira en sécurité. Les chats acceptent que d'autres congénères se trouvent dans les environs mais ils détestent les face à face. En effet, les rencontres dégénèrent souvent en bataille car les félins ignorent le comportement de soumission. Offrir à votre chat d'autres moyens de traverser la propriété devrait empêcher que les animaux se trouvent nez à nez. Disposez des pots de fleurs, des bancs, des buissons, des allées et des perches entre les arbres ou le long des clôtures pour permettre à votre chat de mieux se cacher ou d'éviter l'autre chat.

Créez aussi un endroit pour ses besoins afin qu'il n'ait pas à aller dans d'autres jardins pour se soulager : un endroit protégé avec un peu de litière souillée, du sable ou de la sciure l'incitera à s'en servir. Si votre chat est le plus agressif, il peut être utile d'attacher des clochettes à son collier pour avertir les autres de son approche, et les encourager à l'éviter.

:i-dessus : *Organisez ɘs sorties pour empêcher ɘs affrontements.*

:i-dessous : *Les encontres débouchent ;ouvent sur une agression.*

Et si mon chat me lèche les cheveux ?

64 Le toilettage se pratique entre chats formant un groupe soci On a même calculé qu'un chat adulte vivant avec u compagnon peut passer jusqu'à la moitié de son temps à de activités de toilettage avec l'autre chat. Cette conduite crée des liens et étab une identité de groupe. Si votre chat vous lèche les cheveux, c'est une marqu de calme et de satisfaction. Les chatons le font souvent avec leur propriétai mais il est bon de limiter cette habitude, le chat pouvant chercher à s'y livrer plu souvent et même se mettre mâchonner les cheveux, c qui peut être déplaisant.

À gauche : *Le contact et la communication des odeurs du groupe contribuent aux relations sociales. Si votre chat persiste à lécher et mâchonner vos cheveux, procurez-lui des distractions.*

Et si mon chat me suit partout ?

65 Les chats peuvent devenir excessivement attachés à le propriétaire. C'est souvent dû à un sentiment d'insécurité c à un manque de distractions. Vérifiez que vous n'encourage pas ce comportement, en lui parlant, le caressant. Vous devez bien sûr procurer cela, mais non quand il se comporte en quémandeur.

Solutions : consacrez du temps à trouver quels jeux aime votre chat et incitez-le à jouer tout seul. Des peluches ou des plumes suspendues aux portes ou à l'escalier peuvent l'attirer, car ces jouets bougent au hasard quand il cherche à les attraper.

Cacher des friandises ou des assiettes de nourriture dans la maison peut aussi s'avérer un bon moyen d'en fai un chat actif et qui ne s'ennuie pas.

Si votre chat semble nerveux quand il est seul, tâche d'identifier la cause de son anxiété. Aidez-le à se sentir e sécurité en lui offrant de nouvelles cachettes, par exemple e dégageant sur des étagères ou un buffet un espace d'où il pour observer les environs. Si la maison compte d'autres animaux ou c jeunes enfants, assurez-vous que votre chat se sent à l'aise quanc est seul avec eux. Parfois, la présence du propriétaire à ses côtés rassure et le protège des chiens, des enfants turbulents ou des menac d'un autre animal.

Et si mon chat ne me laisse pas le prendre ?

66 Si votre chat devient subitement agressif ou craintif quand vous cherchez à le prendre alors qu'il était heureux avant, vous devez le mettre précautionneusement dans son panier de transport et l'amener chez votre vétérinaire pour évaluer son problème (voir aussi « Et si... ? » n° 121).

Le chat apprend très tôt à se laisser prendre de diverses façons par les humains. S'il a été soulevé d'un geste désagréable ou douloureux, ou s'il n'a pas été habitué à cela par son propriétaire, il résistera probablement aux tentatives ultérieures. Vous avez également pu créer des associations négatives si vous l'avez soulevé pour lui administrer un traitement médical quelconque. Souvenez-vous qu'en prenant votre chat, vous devez supporter son poids et éviter de le lever ou de le poser trop brusquement.

Les chats à leur aise quand on les touche pour les caresser peuvent être gentiment amenés à accepter d'être soulevés et cela peut être utile en cas d'urgence. Commencez par soulever brièvement l'animal quand vous êtes assis, et offrez-lui une friandise comme récompense. Continuez progressivement jusqu'à ce que vous puissiez le soulever avant de lui donner sa récompense (mais ne le prenez pas et ne le retenez pas quand il va manger, cela le fâchera). Chaque fois que vous le soulevez, récompensez-le aussitôt. Ne vous penchez jamais au-dessus de lui car il pourrait être effrayé, et ne le soulevez pas par les aisselles ou par le ventre. Il est préférable de s'accroupir près de lui pour le soulever ou de l'attirer sur un lieu en hauteur où vous pourrez facilement le prendre. Il faut porter son corps en le soutenant de l'avant-bras sur toute sa longueur et le tenir contre vous pour qu'il se sente en sécurité. En cas d'urgence – de douleur ou de blessure, par exemple, soulevez-le en le recouvrant d'une grande serviette enveloppant ses pattes et limitant ses mouvements.

Beaucoup de chats aiment être soulevés mais un refus soudain peut être le signe d'une douleur à faire examiner par votre vétérinaire.

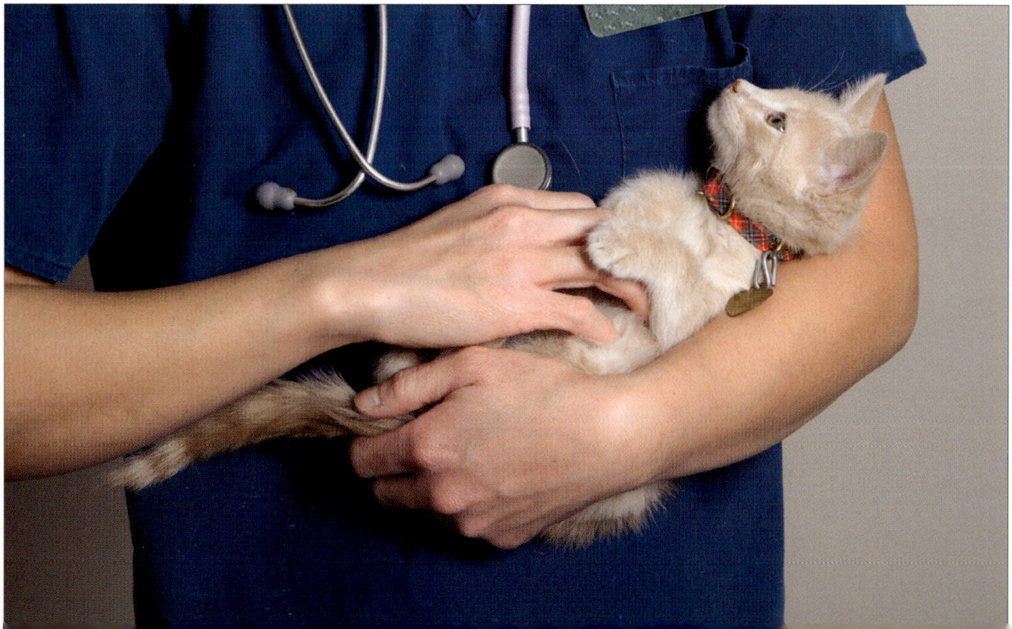

Et si mon chat miaule durant la nuit ?

67 Les chats ne sont pas vraiment des animaux nocturnes mais la plupart ont des moments d'activité la nuit. Ils peuvent alors chercher des relations avec leur propriétaire. Ils apprennent précocement que le miaulement est un bon moyen d'attirer l'attention des humains. Ils n'ont aucune notion des moments socialement appropriés pour miauler et ne cherchent pas délibérément à gâcher votre sommeil.

Le conseil le plus important est de ne pas réagir à cette habitude indésirable. Comme il a été montré dans la partie 1, le chat apprend par l'expérience, et s'il fait quelque chose qui a du succès, il continuera à le faire. Les miaulements continueront s'ils déclenchent votre réaction. Comme c'est plus aisé à dire qu'à faire au milieu de la nuit, voici quelques habitudes à instituer pour que vos nuits soient plus paisibles.

Solutions :

- Assurez-vous que votre chat a suffisamment de jeux et d'activités pour le distraire quand il est éveillé. Outre les jouets laissés à sa disposition, cela peut être de la nourriture ou de confortables paniers dans lesquels il pourra s'activer durant la nuit.
- Gardez près de votre lit des boules Quiès® et utilisez-les jusqu'à ce que le problème soit résolu. Rangez-les durant la journée car les chats jouent souvent avec, ou les mangent.
- Stimulation et exercice durant la journée aideront votre chat à ne pas se réveiller en pleine nuit pour dépenser son trop-plein d'énergie.

- Votre chat doit pouvoir faire ses besoins la nuit et s'il ne peut aller dehors, procurez-lui un bac pour qu'il n'ait pas à demander à sortir en miaulant.
- Si votre chat est âgé et se met à miauler la nuit particulièrement, reportez-vous à la partie 6.

Et si mon chat veut jouer en pleine nuit ?

68 Le chat a des rythmes naturels de sommeil et de veille qui diffèrent des humains et il est souvent actif la nuit, au grand regret de ses propriétaires (Pour plus d'information reportez-vous aux « Et si… ? » n°s 67, 159 et 160). Assurez-vous que votre chat dispose de suffisamment de stimulation et de jeux durant la journée. Voyez aussi la partie sur les jeux et les jouets pour d'autres suggestions d'activités (« Et si… ? » n° 48).

À droite : *Le chat n'est pas vraiment un animal nocturne, mais a des périodes d'activité nocturnes où il peut avoir envie de jouer.*

Et si mon chat saute pour me griffer ?

69 Les gestes de prédation peuvent être dirigés vers les propriétaires, d'autres membres de la famille ou même des visiteurs. Ils surviennent souvent quand on passe près du chat sans remarquer qu'il s'est caché pour guetter l'occasion. L'attaque se concentre en principe sur les chevilles et les pieds, à coups de griffes ou de dents. Elle peut choquer et fâcher gravement les propriétaires et même les inquiéter quand elle touche un enfant.

Le chat a un besoin absolu d'exprimer tout l'éventail de ses instincts félins.

Cette possibilité manque aux chats de compagnie qui trouvent leur nourriture tous les jours dans leur gamelle et ont peu d'occasions de jouer et de chasser. Dans la nature, le chat doit chercher des proies, les attraper et les tuer pour les manger. Le chat de compagnie n'a généralement que ce dernier geste à faire. Pour être totalement satisfait, il a besoin d'exprimer les autres aspects de ses instincts naturels. Voilà pourquoi il commence à « chasser » des objets ou même des personnes. Les chats isolés le font plus souvent car ils ont moins de relations de jeu. Peut-être aussi le chat a-t-il, dans son enfance, été encouragé à « chasser » les pieds : un chaton apprend très vite que les orteils constituent de bonnes cibles de jeu…

Solutions : il est important de modifier le contexte pour obtenir que votre chat n'ait plus besoin de ce jeu. Procurez-lui d'autres jeux et s'il vous saute aux jambes régulièrement, protégez-vous provisoirement avec des bottes ou de grosses chaussettes. Quand votre chat bondit, ne sautez pas en arrière en criant.

Si vous restez calmement sur place, ce jeu ennuiera vite votre chat. Si vous le voyez se préparer à bondir (parfois caché derrière un objet), dites-lui fermement **« non »** et immobilisez-vous. Quand il est calmé, reprenez votre marche, puis complimentez-le et présentez-lui un autre jeu. Quand il aura arrêté d'agir ainsi, il commencera à s'intéresser davantage aux autres activités que vous lui avez proposées.

Ci-dessus : *Les instincts félins de votre chat s'expriment par des comportements divers mais la façon la plus adaptée de satisfaire ses besoins de prédation sera de le distraire avec des jouets.*

Remarque : épointez les griffes de votre chat pour réduire les dommages qu'elles causent. Il est très facile d'habituer un chaton à avoir les griffes épointées dès le plus jeune âge. C'est une opération inoffensive que vous pouvez apprendre à pratiquer vous-même.

Et si mon chat agite la queue quand je le caresse ?

70 C'est un signe d'irritation ou de colère. Le mieux est d'arrête de le caresser car il envoie alors un signal d'agression imminente.

Pour en apprendre davantage sur le langage corporel du chat et sur son interprétation, consultez la partie 1.

***À droite :** Comprendre les signaux de votre chat vous permettra d'éviter les gestes qu'il n'aime pas.*

Et si mon chat ne laisse personne m'approcher ?

71 Il arrive qu'un chat commence à devenir agressif lorsqu'une personne s'approche de lui et de son propriétaire. Cela se produit souvent chez un chat très attaché à une personne propriétaire isolé, être humain qui est le principal à lui fournir soins, nourriture et attention. Souvent, ce chat n'a pas été habitué à fréquenter un grand nombre de personnes et il est anxieux à l'approche de quelqu'un d'autre. Rester près de son propriétaire lui donne confiance, seul il se serait probablement enfui pour échapper à la personne étrangère. Certains chats décident simplement qu'ils ne veulent pas partager leur merveilleux propriétaire et le défendent contre la famille ou les amis. Dans ce cas, l'animal reste souvent près de son maître quand la maison accueille des visiteurs. Sans s'en rendre compte, le propriétaire de ce type de chat renforce son comportement agressif en tenant le chat et en le caressant quand il commence à être agressif envers une autre personne. Il faut cesser de le faire car le chat do apprendre que son comportement n'est pas adapté.

Solutions : voici quelques suggestions à suivre pour améliorer la situation…

- ***Ne renforcez pas*** le comportement, ne caressez pas le chat, ne lu parlez pas s'il se comporte mal.
- Placez le chat ***en un autre lieu*** où il n'aura pas à être en contact avec des visiteurs. Cela permet aux uns et aux autres de se calmer et cela n'aggrave pas le problème.
- ***Présentez*** les visiteurs habituels comme cela est décrit dans « Et si… n° 86.
- Procurez au chat ***de nouveaux lieux sûrs*** pour qu'il n'ait plus besoin de rester près de vous pour se rassurer.
- ***Modifiez vos relations*** avec votre chat en vous basant sur votre propre terrain. Lorsqu'il y a des visiteurs, il ne doit pas capter toute votre attention, habituez-le à cela dès que l'occasion se présente.

Et si mon chat ne me laisse pas le brosser ?

Ci-dessus : *Un brossage régulier est essentiel pour les chats âgés ou à poil long ayant du mal à entretenir eux-mêmes leur fourrure.*

72 En général, les chats savent bien se nettoyer et se tenir propres, mais les animaux à poil long, en mauvaise santé ou un peu âgés peuvent être dans l'incapacité d'entretenir convenablement leur robe. Les expositions félines exigent aussi des soins minutieux pour présenter les chats sous leur meilleur jour.

Quand un chat a commencé à ne pas aimer qu'on le touche d'une façon ou d'une autre, bien s'occuper de lui peut devenir un défi. Une socialisation précoce est essentielle pour que le chat se sente assez à l'aise et calme pour se laisser faire. Les chatons doivent être manipulés très tôt et encouragés à s'habituer à des séances de brossage, à l'examen des oreilles, des yeux et des dents. Prendre le temps de le faire réduira le stress du chat plus âgé, lorsque ces gestes deviendront nécessaires. Ces séances doivent toujours être paisibles et positives : agissez doucement, en offrant des friandises et des caresses en récompense.

Un brossage régulier est nécessaire. Il est préférable de commencer avec des brosses douces en caoutchouc car les chats semblent apprécier le massage accompagnant le brossage. Les chats à poil long demandent plus de temps et une insensibilisation progressive à ce geste. Si la robe de votre chat est très emmêlée, il est sans doute mieux de la faire tailler par un toiletteur pour commencer avec du poil neuf. Sans les emmêlements, vous serez sans doute mieux à même de lui consacrer des séances brèves et positives qui l'aideront à mieux tolérer les manipulations et le brossage.

Ne tentez jamais de complimenter un chat qui se débat car vous ne ferez probablement qu'encourager ce comportement indésirable. Restez calme, ne manifestez aucune tension en parlant. Il nous revient d'apprendre à nos chats à supporter ce type de manipulation. Le toilettage social entre chats est en principe un moment très paisible qui contribue à resserrer les liens entre les animaux du même groupe social. N'attrapez pas votre chat s'il est mal à l'aise : il se sentirait encore plus stressé et, en voulant s'échapper, il pourrait vous blesser.

À gauche : *De courtes séances de brossage convaincront un chat malheureux de leurs bienfaits. Des massages doux l'aideront à se relaxer et faciliteront le brossage.*

Et si mon chat se frotte sur mes jambes ?

73 Les chats se frottent contre les gens et les objets de leu territoire pour y déposer les odeurs sécrétées par les glande sébacées de leur tête, de leur menton et de leurs joues. ***Se frotter*** ainsi contre vous vise à déposer ces odeurs et à vous refamiliarise avec le groupe. Les chats détectent ces odeurs impalpables grâce à leu extraordinaire odorat, qui vaut, dit-on, celui des chiens !

__À droite :__ L'accueil amical du chat consiste souvent à se frotter ainsi.

__Ci-dessus :__ Évitez de vous pencher sur un chat nerveux, récompensez ses moments de calme.

Et si mon chat a peur de moi ?

74 Les chats nouveaux dans la maison, peu socialisés o victimes d'une mauvaise expérience peuvent avoir peur de humains. Il est parfois possible d'améliorer cette relatio même si beaucoup de chats restent sur leurs gardes.

Quand votre chat vous approche, réagissez gentiment et calmement. N le chassez jamais pour provoquer une réaction, ou vous augmenterez sa peu Ne permettez pas à vos enfants de le chasser, même s'il semble en confianc avec eux. Passez du temps dans les endroits où l'animal aime se reposer pou qu'il vous associe à ces lieux. L'obliger à passer du temps dans des lieux qu' n'aime pas mais qui vous conviennent ne ferait qu'aggraver le problème.

Surveillez vos gestes dans vos relations avec un chat doté d'un caractèr timide ou anxieux. Si vous vous penchez sur lui, un chat nerveux peut se sent menacé. Il sera utile de s'asseoir par terre à côté de lui ou de lui offrir de friandises quand il est sur le canapé ou installé sur un autre lieu en hauteu Parlez-lui d'une voix calme et tranquille. Évitez les mouvements brusques qui l surprendraient. Temps et patience seront nécessaires pour obtenir s confiance.

Et si mon chat doit être présenté à notre nouveau-né ?

75

L'arrivée d'un bébé va apporter des changements significatifs dans votre maison et probablement perturber votre chat. Vos habitudes vont se modifier, il y aura des odeurs et des bruits nouveaux et vous devrez vous soucier davantage des lieux où se tient votre chat dans la maison.

Si votre chat dort dans la chambre et que vous décidez de l'en empêcher à partir de l'arrivée du bébé, le plus tôt sera le mieux. S'il est habitué à beaucoup d'attention et qu'il passe son temps sur vos genoux, vous devrez commencer à prendre peu à peu vos distances. Bien souvent, la grossesse est une période où le chat reçoit davantage de caresses et de câlins, pendant les dernières semaines, notamment, où la future maman reste à la maison. Il peut être également nécessaire de modifier l'usage des pièces : si votre chat a toujours considéré la future chambre du bébé comme la sienne, il peut se sentir évincé par l'arrivée du nouveau-né.

À droite : *Chats et enfants peuvent développer des relations fabuleuses s'ils ont été soigneusement présentés. La socialisation avec les enfants est essentielle, et votre chat sera à l'aise et confiant.*

Solutions : permettez à votre chat de voir et d'entendre le plus d'enfants et de bébés possibles avant la naissance. Si vous n'en connaissez pas, utilisez un CD d'effets sonores pour le familiariser avec ces bruits. Laissez votre chat accéder à tous les nouveaux objets que vous apportez, lit d'enfant, tapis de change, jouets, pour qu'il se familiarise avec ces changements avant l'arrivée du bébé. Les chats sont souvent plus curieux quand ils ignorent ce que contient un lieu et leur permettre des visites fréquentes, quand il n'y a pas de risque, facilitera leur adaptation. Ne leur permettez évidemment pas de s'installer ou de se mettre trop à l'aise dans la chambre d'enfant si vous ne voulez pas l'y voir plus tard.

Rapportez une serviette de la maternité pour permettre à votre chat de se familiariser avec l'odeur du bébé. Si le chat ressent une soudaine baisse d'attention parce que le bébé est là, il commencera à faire des associations négatives avec sa présence. Tâchez de reprendre autant que possible les habitudes passées, au moins dans les relations avec votre chat.

Ne forcez jamais votre chat à venir voir le bébé. Il prendra progressivement confiance pour le faire de lui-même. Restez calme quand votre chat vient le saluer. Souvenez-vous que les chats ne veulent aucun mal aux bébés. Ils peuvent aimer se blottir contre eux pour la chaleur mais c'est en réalité peu probable. Une moustiquaire au-dessus du berceau peut aisément l'en empêcher. Si vous la réalisez vous-même, assurez-vous de sa bonne fixation sinon l'animal pourrait décider d'en faire un hamac idéal ! Une pure légende affirme que des chats étoufferaient régulièrement des enfants. Il n'y a eu en tout et pour tout qu'un seul cas enregistré. Bien au contraire, les chats deviennent souvent de farouches défenseurs du nouveau-né. Avec l'attention et le bon sens voulus, chats et bébés cohabiteront en toute sécurité.

Ci-dessus : *Les chats ne sont pas un danger pour les bébés : en général, ils s'entendent bien.*

Et si mon chat est trop brutal dans ses jeux ?

À droite : *Le chaton apprend à jouer par l'expérience, il est donc essentiel d'éviter qu'il joue avec vos mains ou vos pieds. Encouragez-le plutôt à bondir sur des jouets pour éviter des désagréments, pour vous comme pour vos autres chats.*

76 Les chats peuvent être des compagnons fantastiques mais certains ont tendance à jouer trop brutalement avec les autres chats ou les membres de la famille. La meilleure façon de prévenir ce jeu inapproprié est de ne ***jamais*** laisser un chaton prendre vos mains pour des jouets. S'il fait cette association pendant son apprentissage, il continuera, une fois adulte, à penser que les mains sont des jouets.

Surveillez-le toujours quand il joue avec des enfants. Ces derniers doivent se servir de bâtons à chat et autres objets qui maintiennent l'animal loin de leurs mains ou de leurs pieds. Observez si votre chat montre des signes d'énervement en jouant. Dirigez son attention sur des jouets appropriés et complimentez-le. Les jeux des jeunes chats sont très actifs et peuvent être redirigés sur de grandes peluches. Arrêtez le jeu quand il fait l'erreur de le concentrer sur vous.

Et si mon chat interdit la chatière à mon autre chat ?

77 Les chatières sont une invention merveilleuse pour les propriétaires, mais, si elles procurent au chat un sentiment de liberté, elles peuvent aussi être sources de problèmes. Elles font partie du territoire du chat, et si vos animaux ne forment pas un groupe social unique et heureux de cohabiter, la chatière peut passer sous le « contrôle » d'un membre ou d'un groupe. Malheureusement, il est facile de bloquer l'accès d'une chatière.

Observez vos chats pour déterminer comment ils se regroupent. Ceux qui se toilettent mutuellement, dorment ou se blottissent l'un contre l'autre et passent du temps ensemble appartiennent au même groupe. Un chat ne participant pas à ces activités et évitant le contact physique avec les autres dans son sommeil ou sa vie sociale appartient très probablement à un groupe séparé. Une maison peut en abriter plusieurs et il peut être très embarrassant pour les propriétaires de les distinguer.

Si l'un des groupes contrôle la chatière, il vous faudra créer des sorties séparées pour chacun d'eux afin qu'ils n'aient pas à s'y rencontrer. Cela exige de la réflexion et des travaux mais posséder plusieurs chats est une responsabilité. Vous pouvez aussi essayer de créer un environnement plus distrayant pour tous les chats afin qu'ils soient plus occupés et passent moins de temps à contrôler l'accès de la chatière. Rassurez les chats en disposant des plantes et d'autres écrans à l'extérieur de la chatière pour qu'ils puissent sortir sans embûche.

Et si mon chat s'ennuie ?

78

Si votre chat est très actif et cherche constamment à jouer avec vous ou à attirer votre attention, vous devez chercher des moyens d'améliorer sa vie. Vous devez lui procurer plus d'occasions de jouer seul ou avec vous. Introduire de la complexité et de l'intérêt dans l'environnement de l'animal est un moyen idéal pour soulager l'ennui. Voyez aussi « Et si… ? » n° 48 pour des suggestions de jeux et de jouets.

Parfois un autre chat peut distraire votre compagnon mais vous devez bien réfléchir à cette idée car les chats ne sont pas tous capables de cohabiter avec succès et même ceux qui se supportent bien ne forment pas forcément un groupe social. Certains chats préfèrent être le seul animal de la maison et peuvent être très stressés de devoir vivre avec d'autres dans un espace réduit. Si votre chat a eu jadis un compagnon ou est très jeune, la présence d'un autre chat pourra lui être bénéfique. Assurez-vous de les présenter soigneusement. Voyez aussi « Et si… ? » n° 79.

À gauche : *Un chat actif peut exiger plus de compagnie que vous ne pouvez lui en donner, mais ne croyez pas qu'il sera forcément heureux avec un nouvel ami félin.*

Ci-dessous : *Un nouveau compagnon peut satisfaire les besoins de contact et stimuler votre chat, mais vous devez étudier leur tempérament respectif.*

Et si mon chat doit être présenté à mon nouveau chat ?

Ci-dessus : *Les odeurs de groupe sont importantes, échanger les paniers peut être utile.*

Ci-dessous : *Les relations peuvent mal commencer si l'on précipite la présentation du nouveau chat.*

79 Les chats réduisent les risques de bagarre avec de nouveau congénères en se servant de leurs odeurs de marquage et d leurs signaux visuels. Ils s'informent ainsi de leur tempéramer pour se familiariser avec eux. On peut imaginer comme il doit être déroutant d se faire pousser à travers la chatière ou déposer dans la pièce de séjour pou se trouver face à face avec le « nouveau » chat. ***Il peut arriver*** que ce rencontres immédiates aient du succès, mais la plupart du temps elles sor source de problèmes auxquels il faut remédier. Vous aurez plus de chance d' parvenir en prenant votre temps et en préparant la présentation. Les chat savent souvent réparer les erreurs de leur propriétaire mais il est préférable d créer un climat harmonieux dès le départ.

Solutions :

1 À l'arrivée du nouveau chat, enfermez-le dans une pièce de la maison à l'écart de votre chat pendant quelques jours. Il a besoin de temps pour se familiariser avec son nouvel environnement et surmonter le stress du déménagement.

2 Familiarisez les deux chats avec les odeurs de l'autre en échangeant leurs paniers ou en les toilettant l'un et l'autre avec le même linge : ceci leur transmettra les odeurs de l'autre.

3 Surveillez le nouveau chat pendant qu'il explore le reste de la maisor Votre premier chat peut être admis dans la pièce occupée par le nouvea chat pendant que l'autre explore les autres pièces. Si vous vivez seu utilisez un panier de transport pour tenir les chats à distance l'un de l'autre

4 Laissez-les se regarder (mais sans contact physique) en entrebâillant un porte (avec un arrêt de porte pour limiter son ouverture) ou en leu permettant de se voir à travers une porte vitrée (moins efficace à cause d l'absence de messages olfactifs et de possibilité de contact). S'ils sor calmes, vous pouvez les encourager à jouer avec une ficelle sous la port avec des plumes, ou avec d'autres jouets à chaque extrémité. Une longu paille avec des plumes collées aux extrémités est aussi un jouet attrayan S'ils se mettent à jouer, ils s'associeront l'un l'autre avec ce plaisir.

5 Récompensez chacun des chats quand ils sont dans le voisinage l'un d l'autre. Restez calme et parlez d'une voix douce et confiante.

6 Laissez le nouveau chat sortir de sa pièce quelques minutes pou commencer. Vous allongerez progressivement ces sorties. Ne force jamais les chats à se rencontrer, cela leur causera du stress et ruinera tou les efforts que vous leur avez consacrés.

7 En cas d'altercation, ***ne punissez jamais les chats en criant*** ou en le frappant. L'un et l'autre associeraient cette réaction au fait d'être e présence l'un de l'autre.

8 Complimentez votre animal s'il supporte le nouveau chat, mais veillez à n pas le caresser quand il est stressé ou se montre agressif.

9 Si un incident éclate, interrompez la séance de présentation et séparez le chats. Quand ils se sont calmés, vous pouvez les laisser à nouvea ensemble. Mais si une bagarre s'annonce, ne les laissez pas se battre ca c'est très effrayant pour tous les deux et cela pourrait remettre en cause l succès de la rencontre suivante. Distrayez-les en faisant du bruit, en jetar

Ci-dessous : *Les présentations peuvent se passer de diverses façons : des chats se lient aussitôt, d'autres se battent. Parfois les tempéraments sont si incompatibles que la cohabitation est impossible.*

une couverture ou de l'eau, mais l'idéal est d'interrompre la rencontre avant le début de l'incident.

10 N'accélérez jamais ce processus. Certains chats ont besoin de nombreuses semaines ou même de plusieurs mois pour s'apprivoiser, selon leur hostilité mutuelle et leur tempérament particulier. Si vous avez pris le temps de choisir votre nouveau chat et de le présenter à l'autre, vous avez toutes les chances de réussir.

Et si mon chat attaque mes nouveaux chatons ?

80 La réaction du chat à l'arrivée de chatons dépend de ses expériences sociales passées et de son tempérament. Il faut d'ordinaire à peine quelques semaines pour qu'une bonne relation s'installe mais les propriétaires de chats très agressifs doivent se faire aider pour organiser les présentations. Suivez alors la procédure décrite dans « Et si... ? » n° 79. Les jeunes chats sont plus faciles à présenter au chat ancien, qui peut néanmoins les prendre parfois pour des intrus. Veillez à ce que les chatons ne reçoivent pas de blessures. En se rencontrant, les chats peuvent émettre de petits crachements, qui devraient diminuer de jour en jour.

Un enclos ou une barrière d'intérieur peuvent être très utiles lors de la première présentation : placés à l'intérieur, les chatons ne pourront s'échapper s'ils voient votre chat adulte et seront protégés s'il veut les attaquer. Les chats s'habitueront à se voir et leurs réactions initiales se calmeront suffisamment pour pouvoir ouvrir la barrière et les laisser se rencontrer paisiblement. Vous devez surveiller les premières rencontres jusqu'à ce que les chats soient à l'aise en présence les uns des autres.

Si des attaques graves se produisent malgré tous vos efforts, peut-être votre premier chat vit-il mieux seul ? Peut-être n'est-il pas fait pour cohabiter avec d'autres ?

Et si mon chat a peur de mon chien ?

81 Les chats peuvent vivre en compagnie des chiens mais ayant été historiquement leur proie, ils en ont une peu naturelle. Vous devez vous demander si votre chat a un raison sérieuse d'être effrayé. Si votre chien poursuit le chat ou cherch seulement à jouer avec lui, cela peut lui être insupportable. Si tel est le cas vous devez passer du temps à apprendre au chien à rester calme.

Gardez-le en laisse pour qu'il ne cherche pas à poursuivre le chat. De barrières d'appartement peuvent aider à séparer les animau tout en les habituant à la présence l'un d l'autre. Assurez-vous que votre chat dispos de lieux en hauteur où il peut se réfugier et s sentir en sécurité.

Les expériences précoces de votre cha sont décisives pour ses réactions à l'égar de votre chien. Il peut rester toujours méfiar en sa présence et vous ne devez jamais l forcer à la subir. Avec le temps et u programme adapté, il pourrait devenir plu confiant mais chaque chat possède de degrés de tolérance différents.

Ci-dessus : *Tous les chiens sont effrayants pour un minuscule chaton mais des rencontres paisibles sous votre contrôle lui donneront plus de confiance. Ne laissez jamais vos compagnons ensemble sans procurer à votre chat des issues de secours.*

Séparez les animaux jusqu'à ce que vous soyez prêt à commencer l présentation et à la programmer. Commencez par les familiariser aux odeur de l'autre. Interchangez les odeurs en passant sur chacun d'eux un linge qu vous frotterez ensuite sur l'autre pour créer des odeurs en commun. Cel contribuera à réduire les réactions de peur de votre chat, et du même coup les réactions de votre chien.

Si votre chat utilise une chatière pour sortir de la maison, vérifiez qu'il n' pas à passer devant le chien pour l'utiliser. Il lui faudrait peu de temps pou refuser de s'en servir et cela pourrait aboutir à d'autres problèmes d comportement (excrétions dans la maison, par exemple).

Et si mon chat chasse mes autres animaux familiers ?

82 L'instinct naturel de prédation du chat peut créer de difficultés dans les maisons où vivent de petits animaux. L plupart du temps, le chat sera seulement hypnotisé et n'ir jamais plus loin mais cela dépend beaucoup du tempérament et de capacités de chasseur de votre chat.

Solutions : vérifiez que les cages et enclos sont assez solides pour résiste aux bonds de votre chat. Beaucoup de chats cherchent à s'approcher pou observer de plus près les mouvements de l'animal. Cela peut être dangereu si l'aquarium se renverse ou que la cage à hamsters tombe par terre.

Ne laissez jamais de petits animaux comme les hamsters jouer à la balle devant votre chat. Le hamster semblera en sûreté mais pourra être stressé s le chat se met à le pourchasser ou même seulement à participer au jeu.

Ayant été leur proie, les lapins peuvent aussi être extrêmement stressés en présence de chats. Mais s'ils ont été élevés ensemble, cela peut se passer sans stress. Procurez toujours à votre lapir

un abri sûr, le protégeant des bonds et des attaques de votre chat et ne laissez jamais des lapins jeunes ou de petite taille en liberté avec votre chat. Un lapin peut sembler une proie trop grosse pour un chat mais certains d'entre eux capturent régulièrement des lapereaux. De plus, même des attaques ratées peuvent être dangereuses.

Ne laissez jamais de jeunes enfants manipuler de petits animaux en présence du chat, car s'ils s'échappaient, le chat les attraperait et les tuerait.

Le bien-être des autres animaux de la maison est très important. Si votre chat s'intéresse trop à eux, vous pouvez installer une alarme télécommandée se déclenchant quand il s'approche trop de la cage. Procurez à votre chat un vaste choix d'autres jeux de chasse ailleurs dans la maison.

À droite : *Un chat peut sembler perdu sans son compagnon habituel et peut exiger une attention supplémentaire de ses propriétaires.*

Et si mon chat a perdu son frère ou sa sœur ?

Ci-dessous : *Un chat en deuil peut lancer des appels comme un chaton qui se sent perdu.*

83

La perte d'un compagnon peut être traumatisante et certains chats semblent parfois même traverser une période de deuil. On doit s'attendre à d'autres changements de comportement car le groupe social a changé, ainsi que le partage des ressources. Les chats semblent regretter le disparu et peuvent passer du temps à le chercher ou à l'attendre.

Dans ce genre de circonstance, tentez de garder votre chat à l'intérieur ou près de la maison pour l'empêcher d'errer au loin. Pendant cette période d'adaptation, il peut sembler déprimé, anxieux ou au contraire plus calme que d'habitude. Certains s'adaptent très vite, il peut falloir jusqu'à six mois à d'autres. Encouragez son comportement calme et ne cherchez pas à lui procurer des compensations, ne modifiez pas vos réactions pour le rendre plus heureux. Cela sera sans résultat car le chat ne pense pas en ces termes et cela risquerait même de créer des problèmes de dépendance. Le mieux est de ne pas changer vos habitudes.

Remplacer ce compagnon peut être difficile. Votre chat entre alors dans une période d'instabilité et introduire un nouveau chat dans la maison peut créer davantage de stress et de problèmes. Il est souvent plus facile d'introduire un nouveau chat quand vous savez que l'un des deux est malade (si la maladie n'est pas contagieuse) car il n'y a pas de rupture pour les chats à ce moment-là. Il est très difficile de savoir si la rencontre réussira. Ne cherchez pas à remplacer le disparu par un chat qui lui ressemble car votre ancien chat fera aussitôt la différence. Prenez votre temps pour les présenter soigneusement si vous estimez que c'est la bonne décision.

Et si mon chat ne partage pas son bol avec mon autre chat ?

84 Il n'est pas naturel pour tous les chats de partager des ressources telles qu'un bol. L'évolution en ayant fait des chasseurs solitaires, dans la nature, certains chats évitent les rencontres et se répartissent les moments où ils parcourent un même territoire. Dans une maison, la façon dont les ressource sont distribuées crée facilement des problèmes. Un chat sûr de lui peut écarte les autres chats par des postures physiques, et ceux-ci se tiendront à l'écart o éviteront le bol pour prévenir des frictions ou des attaques.

Il est toujours préférable d'offrir plusieurs points d'eau et de nourritur pour que vos chats évitent les conflits et puissent se nourrir et se désaltérer leur gré. Les chats peuvent avoir des relations amicales, mais si l'un a un plu gros appétit, on imagine facilement les inconvénients du bol commun.

Et si mon chat n'aime pas les enfants ?

85 Il y a fréquemment des conflits entre chats et enfants Certains chats calmes tolèrent les jeux ou les caresses de enfants. Mais si votre chat n'a pas l'expérience des enfant ou est très nerveux, il les évitera probablement ou aura des réactions d défense. Si votre chat présente ce tempérament, permettez-lui aussi de s tenir à l'écart des enfants. On ne peut apprendre aux chats à aimer le enfants, mais on peut leur apprendre à se sentir mieux et moins effrayés.

Solutions : vous devez d'abord apprendre à vos enfants ou à ceux qui vienner dans la maison à respecter votre chat. Ne les laissez pas le poursuivre, ni l soulever. Le chat le plus calme peut être traumatisé par des enfants turbulents Le moment venu, vous aurez à montrer aux enfants comment lui offrir de friandises ou des caresses. Surveillez leurs relations en vérifiant que les enfant connaissent les risques de morsure ou de griffure s'ils désobéissent. Vérifiez qu votre chat a des issues de secours et de niches en hauteur où se réfugier, pou lui éviter de se sentir traqué. E empêchant les enfants de stresse votre chat, il commencera vraisem blablement à se calmer en leu présence.

À gauche : *Les enfants sont souvent imprévisibles et bruyants, cela peut effrayer les chats, surtout s'ils n'ont pas la possibilité de s'échapper.*

Et si mon chat a peur es visiteurs ?

86 Un visiteur a beau être votre ami, votre partenaire ou un parent, votre chat ne sait pas ce qu'il peut attendre de lui. S'il s'agit de visiteurs réguliers ou de gens qui le garderont durant les vacances, il est nécessaire de suivre un programme pour que votre chat se calme.

Solutions : laissez votre chat observer vos visiteurs dans la pièce et demandez-leur de ne pas le regarder directement. Il sera préférable de placer certains chats en sécurité dans leur panier pour observer les visiteurs à distance. En passant du temps en présence d'un visiteur qui ne cherche pas à s'approcher ou à réagir, le chat apprend qu'il ne représente pas une menace. Très progressivement, en répétant les séances, réduisez la distance entre le chat et le visiteur.

Quand votre chat peut être placé à proximité du visiteur, demandez à ce dernier de jeter une friandise dans son panier pour créer un lien positif. Quand le chat semble calme, laissez-le circuler librement. On peut disposer de la nourriture pour l'encourager à rester. Ne laissez le visiteur réagir que si le chat prend les devants et assurez-vous du calme de l'un et de l'autre. Abrégez les relations pour éviter toute lassitude.

Une autre solution est de laisser au chat la possibilité de sortir ou de se cacher durant les visites. Vous devez demander aux visiteurs de suivre vos conseils. Ne les laissez jamais acculer votre chat ou le déranger dans son sommeil.

ɔi-dessus et à ***droite :*** *Beaucoup de aisons peuvent expliquer qu'un visiteur effraie un chat, notamment des comportements nouveaux et des odeurs inédites, qui peuvent venir aussi d'autres animaux de compagnie.*

À gauche : *Ne laissez pas vos invités prendre votre chat anxieux car il se sentira encore plus effrayé. Laissez-lui assez d'espace pour se calmer et n'oubliez pas de le récompenser.*

Et si mon chat ne permet pas aux visiteurs d'entrer ?

À droite : Certains chats ont si peur des visiteurs qu'ils déploient tous leurs efforts pour les faire partir. Cela peut aller jusqu'aux griffures et aux morsures, surtout si les premiers signes d'agitation ne sont pas correctement traités.

87 Généralement, le chat est agressif à l'égard des visiteurs, parfois même violemment. Ceci est un vrai problème car pe de gens savent comment se comporter avec un ch agressif. Beaucoup de propriétaires malheureux refusent des visites à cause du comportement de leur chat.

Certains chats sont très jaloux de leur territoire et n'y laissent entrer que les membres de la famille. Ils considèrent les inconnus comme des intrus menaçants. D'autres chats sont seulement très craintifs ; ils ont appris que menaces et attaques sont les meilleures façons de repousser les dangers.

Ce problème sérieux exige des conseils personnalisés de la part d'un comportementaliste qualifié. N'oubliez pas que griffures et morsures peuvent causer des blessures ou des infections graves. Préservez la sécurité de vos visiteurs en éloignant votre chat avant de leur ouvrir la porte.

Et si mon chat est solitaire ?

88 La première question est de savoir pourquoi votre chat e solitaire. A-t-il perdu un compagnon ? La maisonnée a-t-e changé ? Travaillez-vous davantage ? Quels signes montre qu'il est solitaire ? Beaucoup de propriétaires menant une vie active se sente coupables du manque de contact avec leur chat.

Si votre chat a perdu un ami félin, vous pouvez envisager l'intr duction d'un autre chat dans la maison. Mais le choix de ce nouveau ch doit être étudié sérieusement. Vous ne devez pas prendre le premi chaton venu ou un autre chat seulement parce qu'il ressemble au dispa ou que sa couleur vous plaît. Il est important de choisir le tempérament q conviendra à votre chat si vous voulez avoir une maison harmonieus sans stress, comportements de marquage ou d'agression. Il n'y a pas c garanties, mais en tenant compte de détails comme le tempéramer l'âge, le sexe et la santé, vous devriez pouvoir trouver le compagnon q convient à votre chat.

Les femelles adultes peuvent avoir du mal à accepter le nouvea venu surtout si elles n'ont pas eu de compagnie pendant longtemps. Elle ont tendance à mieux s'entendre avec une jeune femelle qu'avec un mâ entreprenant. Un mâle trouve souvent du plaisir et de la stimulation ave un autre mâle avec lequel il peut galoper et lutter dans la maison. Tâch d'éviter des chats très territoriaux ou au tempérament trop différent : l'u pourrait alors devenir la victime de l'autre. Les chats mâles âgé peuvent cohabiter heureusement avec des chatons et de jeun femelles s'ils ont été présentés correctement. Si votre chat n'est pas sociable ou qu'il est malade, demandez-vous s'il est réellement avisé d'introduire un autre chat dans la maison. Les problèmes de sociabilité peuvent stresser les chats comme les meilleurs propriétaires.

Présentez les chats avec le temps et les soins voulus. Réussir un bon départ est toujours plus facile que de traiter les problèmes plus tard. Si vous vous y prenez bien, votre chat a toute chance de bénéficier de cette compagnie, même si elle ne s'exprime pas par des liens étroits.

Si la venue d'un autre chat n'est pas envisageable, prenez du temps chaque jour pour caresser et faire jouer votre chat. Des séances courtes et régulières valent mieux qu'une heure d'attention hebdomadaire. Dégagez du temps pour votre animal ou arrangez-vous pour qu'un parent, un ami ou même un professionnel de la garde d'animaux vienne le distraire quand vous n'êtes pas libre.

À droite : *Certains chats semblent avoir plus que d'autres un besoin naturel de relations, malgré leur disposition à une vie quasiment solitaire. Le besoin qu'a votre chat d'avoir un compagnon dépend de ses gènes et de sa propre histoire.*

Ci-dessous : *Beaucoup de propriétaires se sentent obligés de remplacer rapidement un chat mais il est essentiel de bien le choisir pour garantir une cohabitation réussie. N'attendez pas du nouveau chat qu'il remplace l'ancien car toutes les relations seront différentes.*

À droite : *Procurez tous les jours à votre chat des séances de jeux et de caresses pour entretenir son attention et lui éviter le sentiment d'être délaissé.*

PROBLÈMES À L'EXTÉRIEUR DE LA MAISON

PARTIE 4

SOMMAIRE

Et si mon chat…

À droite : *Quand un chat s'aventure hors de son environnement immédiat, il s'expose inévitablement à des situations problématiques que son maître devra résoudre.*

INTRODUCTION

Si la plupart des incidents surviennent quand le chat est à l'intérieur de la maison ou avec ses maîtres, il arrive aussi que des problèmes se posent lorsque le chat est dehors, ou loin de la maison. Ces tracas impliquent souvent les voisins ou leurs animaux, et il est important de les résoudre afin de maintenir de bonnes relations de voisinage. En outre, les maîtres se font souvent du souci lorsqu'il s'agit de partir en vacances sans leur chat ou de déménager. Si les chats sont attachés à leur territoire, il sont toutefois capables de s'adapter au changement et de faire face aux nouvelles expériences. Cette partie traite des principaux sujets d'inquiétude.

Et si mon chat entre chez le voisin ?

89 Un chat a naturellement tendance à profiter de toutes les ressources disponibles au sein de son territoire. Il apprend facilement à suivre les odeurs de nourriture, à découvrir de nouveaux lieux de repos et de nouvelles personnes disposées à lui offrir attention et caresses. Tant qu'il peut bénéficier de ces ressources, votre chat continuera à fréquenter la maison de votre voisin.

Si le voisin s'oppose à ce que votre chat entre chez lui, vous devrez découvrir comment et pourquoi votre animal s'y obstine. Ensuite, il faudra demander à votre voisin de garder ses fenêtres fermées pendant que votre chat est dehors, jusqu'à ce que celui-ci change ses habitudes. Ou bien qu'il installe une moustiquaire sur ses fenêtres pour l'empêcher de rentrer. Si votre voisin dispose d'une chatière, il faudra qu'il la ferme quand elle ne sert pas. En faisant comprendre à votre voisin que vous prenez ce problème au sérieux, il sera moins tenté de recourir à des méthodes subversives exercées à votre insu.

Si le voisin encourage votre chat à entrer chez lui, rejetez tout sentiment de trahison ou de colère envers votre compagnon, cela ne ferait que l'éloigner encore plus. En outre, il est préférable

À gauche : *Les chats tiennent rarement compte des frontières humaines. Les portes et les fenêtres ouvertes constituent d'irrésistibles tentations, notamment lorsqu'elles s'accompagnent d'attention, de nourriture ou de confort.*

d'entretenir de bonnes relations avec votre voisin si vous voulez résoudre ce problème de manière satisfaisante. Expliquez-lui que votre chat reçoit suffisamment d'attention et de nourriture chez vous et qu'il vous est plus facile de surveiller son alimentation et sa santé si vous en êtes l'unique pourvoyeur.

Quoi qu'il en soit, il arrive que certains chats fréquentent différentes maisons d'un quartier et que différentes personnes croient de fait « posséder » un chat. Implanter une micropuce à votre chat vous désigne comme le propriétaire « officiel ». Une plaque fixée à son collier peut aussi indiquer aux gens du voisinage que ce chat quémandeur appartient déjà à quelqu'un qui s'en occupe parfaitement.

Et si mon chat vole la nourriture du chat du voisin ?

90 Il peut être gênant de découvrir que votre chat s'aventure dans la maison du voisin et dérobe la nourriture de son chat. Votre chat s'est sûrement rendu compte qu'une merveilleuse opportunité l'attendait derrière cette porte ! Vous devez absolument l'empêcher de recommencer, car le chat de votre voisin pourrait manifester des troubles liés au stress que provoque l'intrusion d'un comparse. Si votre voisin dispose d'une chatière, proposez-lui d'installer une version magnétique qui ne s'ouvre que lorsque son chat s'approche. Le modèle le plus courant nécessite que le chat porte un collier, mais grâce à la technologie moderne, un modèle à puce électronique existe désormais et fait ouvrir la chatière quand le chat muni de la puce s'en approche. Acceptez de garder votre chat à la maison lorsque le voisin nourrit le sien.

Si votre chat semble affamé alors qu'il se nourrit tout à fait convenablement chez vous, ***demandez conseil à votre vétérinaire*** qui pourra peut-être déceler un problème pathologique. Vérifiez également que votre chat mange bien ce que vous lui donnez et ne préfère pas se réserver pour le repas de son voisin. Les chats aimant la variété, il vous faudra peut-être modifier son alimentation.

Ci-dessus : *Les intrus peuvent générer beaucoup de stress chez le chat résident. Une chatière spéciale, qui s'ouvre au signal donné par la micropuce de votre chat, peut être une mesure de sécurité très satisfaisante qui ne vous oblige pas à lui faire porter un collier.*

Haut de page : *Un chat maraudeur peut s'échapper en un rien de temps.*

La nouveauté du goût ou du type d'aliment peut attirer les chats dans les maisons voisines.

Et si mon chat se fait brutaliser par le chat du voisin ?

91 Les chats sont naturellement attachés à leur territoire. En temps normal, ils essaient d'esquiver le conflit par des repères olfactifs et visuels, qui signalent leur présence. Cela leur permet de s'éviter et de partager leur territoire. Toutefois, il peut arriver que des agressions surviennent. Dans un quartier résidentiel, les chats sont en effet beaucoup plus proches les uns des autres qu'ils ne le seraient à l'état sauvage.

Les conflits se produisent souvent quand deux chats se déplacent dans le même endroit au même moment. Si un chat vient d'emménager dans le quartier, surtout s'il n'a pas encore atteint l'âge adulte, il est fort probable qu'il se batte avec votre chat. Prévoyez donc beaucoup de « cachettes » en plaçant des plantes touffues dans votre jardin, des passerelles aménagées le long des clôtures ou des plates-formes dans les arbres ; ainsi, votre chat ne se sentira pas vulnérable quand il le traversera. (Pour plus d'informations sur les bagarres de chats, voir « Et si... ? » nos 62, 63 et 119.)

Discutez de la situation avec votre voisin : ni l'un ni l'autre ne souhaite voir son chat blessé. N'oubliez pas que ce n'est jamais la faute d'un chat en particulier : la plupart du temps, c'est l'environnement dans lequel les animaux ont été introduits qui provoque les frictions. Envisagez un « partage du temps » si vous voulez éviter les confrontations directes entre deux chats.

Ci-dessus : *Les chats domestiques sont tellement répandus qu'ils doivent souvent partager leur territoire avec d'autres félins. Lorsque deux chats se trouvent nez à nez, le conflit est souvent inévitable.*

À droite : *Les chats timorés ont parfois peur de se déplacer dans leur territoire ; faites en sorte qu'ils puissent facilement se cacher ou éviter leurs comparses.*

Et si mon chat a peur du chien du voisin ?

Ci-dessus : Bon nombre de chiens réagissent bruyamment, voire agressivement, pour faire fuir les chats.

92 Les chiens de quartier peuvent être source d'énorme stress pour les chats du voisinage. Les chats sont par nature des proies potentielles, même s'ils sont eux-mêmes d'excellents chasseurs. Le simple fait d'entendre un aboiement ou de sentir une odeur de chien peut perturber un chat, et certains chiens sont très habiles pour attraper les chats. La sûreté des lieux dépend du chien, du chat et de l'environnement. Certains chats persistent à traverser les jardins avoisinants en dépit de la présence de chiens, tandis que d'autres n'osent même pas sortir dans leur propre jardin quand ils entendent aboyer. Tout est question d'expérience et de tempérament.

Ci-dessus : Même un chien amical et curieux peut effrayer un chat qui n'est pas habitué à sa présence.

Demandez-vous pourquoi votre chat a tant envie d'aller dans le jardin du voisin. S'il y va pour faire ses besoins, assurez-vous qu'il a bien tout le nécessaire pour les faire chez vous. Préparez-lui un endroit à cet effet, installez-lui des plates-formes pour qu'il s'étende au soleil et des objets qu'il peut griffer à loisir.

Et si mon chat fait ses besoins sur la pelouse ?

93 Les chats qui se soulagent sur la pelouse peuvent causer des problèmes pour l'entretien du jardin et la santé des enfants. Essayez d'attirer votre chat vers un autre endroit en créant des « latrines » à base de copeaux ou de sable, ou d'un peu de sa litière favorite. Placez un peu de litière souillée à cet endroit afin de lui en indiquer la vocation. Prenez votre chat et montrez-lui l'endroit.

Solutions : vous pouvez dissuader votre chat d'utiliser la pelouse en y plaçant un jet d'eau (à capteurs ou que vous mettez en marche au moment où il s'apprête à faire ses besoins), en répandant des pelures d'agrumes sur une partie de la pelouse ou en couvrant de poivre les endroits souillés. Toutes ces méthodes servent à le repousser sans qu'il perde confiance en vous.

Et si mon chat gratte mes plates-bandes ?

94

Comme beaucoup de propriétaires de chats, vous êtes auss un jardinier assidu qui, tout naturellement, n'apprécie guèr les dégâts dans le jardin, ni les plaintes du voisin chez qu votre animal va faire ses besoins. Vous pouvez houspiller votre chat, mais reviendra dès que vous aurez le dos tourné. Mieux vaut modifier la terre d sorte que le chat n'ait plus envie d'y retourner. Il y a plusieurs façons d procéder, en fonction de la taille de la zone concernée. Veillez toujours à n rien tenter qui puisse nuire à votre chat, et essayez de lui installer des latrine adéquates ailleurs ; ne le laissez en aucun cas aller faire ses besoins che quelqu'un d'autre.

Solutions :

- Posez des feuilles de plastique identiques à celles que l'on utilise pou empêcher les mauvaises herbes de pousser autour des plantes, pui recouvrez-les de galets fins. Les cosses de cacao sont censées êtr efficaces, car le chat a du mal à creuser dedans. Toutefois, cela peu être dangereux pour un chien qui en ingérerait. Aussi, si vou possédez un chien, cette méthode est déconseillée.
- Parsemez de grandes quantités de pelures d'agrumes ou de poivr concassé sur l'endroit concerné.
- Les plantes à épines peuvent être d'efficaces répulsifs.
- Certains végétaux, comme la rue (une plante courante), repousseraier les chats. Achetez-en dans votre jardinerie et plantez-les parmi vos autre plantes.
- Il existe des arroseurs qui se déclenchent au mouvement et pulvérisent un je d'eau dès que le chat s'approche. Les arroseurs ordinaires placés près d'un plate-bande et programmés pour se déclencher de manière aléatoire (vou pouvez également les activer vous-même) sont également utiles.

Ci-dessus : *Les pelures d'agrumes peuvent repousser les chats.*
Ci-dessous : *Des arroseurs rendent un jardin moins attrayant.*

- Certaines personnes utilisent de silhouettes de chat métalliques vendues dans les jardineries. Elle sont toutefois à déconseiller s votre chat est particulièremen nerveux. Il faut également penser à les changer régulièrement de plac pour éviter que votre chat n s'habitue à leur présence.
- Il existe des répulsifs pour chat sous forme de poudre, de gel o en spray prêts à l'emploi mais qu' faut renouveler régulièrement.
- Le répulsif pour chat à ultrason peut repousser le chat d'une zon du jardin ou d'une mangeoire à oiseaux. Il émet une série de son aigus dès qu'il détecte les mouvements d'un chat. Cette fréquence est inaudible à l'oreille humaine.

- Certaines jardineries fournissent des bâtons en plastique parfumés qui repoussent les chats (sur environ 1 m²), pendant quelques semaines.
- Les surfaces réfléchissantes peuvent repousser certains chats. Suspendez de vieux CD ou placez des bouteilles d'eau en plastique brillantes à moitié remplies dans vos plates-bandes ; à défaut d'être esthétique, cela peut s'avérer efficace.

Et si mon chat mange de l'herbe ?

95 La végétation n'est pas indispensable au chat, mais quelques fibres supplémentaires lui font parfois du bien. La plupart des chats aiment manger de l'herbe de temps à autres. Est-ce à cause de problèmes gastriques ou de difficultés liées à la régurgitation d'une boule de poils ? Les bénéfices de la consommation d'herbe n'ont jamais été prouvés scientifiquement. Si votre chat se met soudain à consommer une grande quantité d'herbe, consultez votre vétérinaire qui pourra éventuellement détecter des problèmes de santé (voir « Et si… ? » n° 139). À moins que l'herbe n'ait été aspergée d'insecticides ou autres produits chimiques, le fait d'en manger de temps en temps est parfaitement normal et inoffensif. Vous pouvez donner à votre chat de l'herbe de votre jardin afin qu'il n'aille pas mâcher les autres plantes. On peut se procurer des graines d'herbe à chat, notamment de dactyle aggloméré, très apprécié des félins.

À gauche : *Si elle n'est pas essentielle à l'alimentation des chats, l'herbe leur fournit toutefois des fibres.*

Ci-dessus : *Plantez des bacs d'herbe à chat, afin que votre animal ait toujours une réserve de végétaux à mâcher.*

Et si mon chat chasse les oiseaux ?

96 Les habitudes de chasse du chat domestique sont parfois préoccupantes et ont causé beaucoup de dégâts au sein de la faune sauvage. Si le nombre des oiseaux ne cesse de diminuer en raison de la dégradation de leur habitat par l'homme, les chats domestiques, et a fortiori les chats sauvages, contribuent eux aussi au déclin des populations d'oiseaux. Certains chats sont particulièrement bons chasseurs et réussissent souvent à attraper leur proie qu'ils déposent fièrement aux pieds de leur maître. Même si votre chat ne rapporte des oiseaux qu'occasionnellement, il est fort probable qu'il en ait tué ou consommé d'autres à votre insu. Il est impossible d'éradiquer complètement l'instinct de chasseur d'un chat – après tout, il s'agit d'une espèce prédatrice –, mais il existe des solutions qui peuvent limiter les dégâts.

Solutions : si vous voulez continuer à profiter des oiseaux de votre jardin, installez-leur une mangeoire très élevée, ou utilisez des distributeurs de nourriture que l'on peut suspendre, loin des endroits où votre chat peut se cacher et traquer sa proie. Il existe également dans le commerce des mangeoires « anti-chat ». Enfin, si aucune de ces options n'est envisageable, vous pouvez dissuader les oiseaux de fréquenter votre jardin en plaçant des silhouettes de prédateurs ou des mobiles un peu partout, et en supprimant les mangeoires. Cette mesure peut être efficace si votre chat n'a pas tendance à s'aventurer trop loin.

Faites en sorte que les oiseaux aient le temps de s'enfuir avant que votre chat ne les attaque. Il existe des colliers qui émettent un son d'avertissement quand votre chat commence à chasser, mais vous pouvez en fabriquer un vous-même en cousant quelques grelots sur son collier. En entendant le tintement, les oiseaux s'envoleront. Ou bien achetez dans le commerce une sorte de bavoir en néoprène de couleur vive, que l'on fixe au collier du chat pendant qu'il est dehors et qui l'empêche de manœuvrer efficacement en vue d'une attaque. On trouve aussi des détecteurs de mouvements qui émettent un son aigu quand le chat tente de s'approcher d'une mangeoire. Toutefois, sachez que certains chats supportent très mal ce son.

Gardez votre chat enfermé chez vous aux heures où les oiseaux viennent se nourrir ou s'ébattre dans l'eau. En hiver, quand les oiseaux sont particulièrement affamés et prêts à passer plus de temps aux abords des mangeoires ou au sol, surveillez votre chat d'encore plus près. Le fait de l'enfermer la nuit peut réduire la prédation sur un certain nombre d'espèces.

Construisez un enclos pour votre chat, où il pourra s'ébattre à sa guise : d'une part, cela profitera à la faune sauvage, d'autre part, cela vous évitera des problèmes – accidents de la route et vagabondage notamment. L'enclos pourra être équipé de différentes plates-formes, rampes, abris, jouets et plantes, de sorte que votre chat profite pleinement de sa sortie. Il est important que l'animal puisse répondre à ses instincts : s'il ressent le besoin de traquer, attaquer et consommer ses proies, ces désirs doivent être assouvis en toute sécurité. Stimulez l'instinct de chasse de votre chat en lui proposant des jeux à l'extérieur ou dans son enclos. Suspendez des plumes, des pelotes de laine ou des souris remplies d'herbe à chat afin que votre animal puisse sauter, bondir et attraper.

Ci-dessous : *La prédation constitue un sérieux problème pour les amoureux de la nature.*

En plaçant des friandises dans des boîtes ou des souches creuses, vous pouvez l'encourager à étirer ses membres et à se servir de ses griffes. En disposant sa nourriture à différents endroits de la maison, plutôt que toujours dans le même bol, vous le distrairez, en lui laissant moins de temps pour développer des habitudes indésirables.

Ci-dessus : *Les chats sont d'excellents chasseurs ; leurs grands yeux orientés vers l'avant et leur ouïe ultra-sensible les aident à détecter leurs proies.*
À droite : *Même de gros animaux domestiques peuvent déclencher des comportements de prédateur.*

Et si mon chat ne veut pas entrer dans sa cage de transport ?

97 C'est un problème très courant qui s'explique par le fait que ces cages ne sortent du placard que lorsque vous devez emmener votre chat chez le vétérinaire ou en pension. L'animal associera très rapidement la cage à un événement négatif et décidera de l'éviter autant que possible. Le forcer à y entrer ne ferait qu'accentuer le problème et provoquer de l'anxiété. Pour pallier cette difficulté, exposez la cage de transport en veillant, dans la mesure du possible, à ce que cela ne perturbe pas votre chat.

Solutions : commencez par mettre la cage dans une pièce que votre chat apprécie. Laissez-la ouverte et placée de telle sorte qu'il puisse l'examiner à son rythme. Déposez dedans une couverture à l'odeur familière, ainsi que quelques friandises qui l'inciteront à y pénétrer. Une fois qu'il n'a plus peur d'y entrer, essayez de fermer la porte pendant de courts laps de temps. Donnez-lui d'autres friandises et parlez-lui doucement. Une fois qu'il y sera habitué, déplacez la cage dans un autre endroit et laissez-le à nouveau se familiariser avec elle. Préparez ainsi votre chat pour toute situation où il faudra à nouveau le transporter. Les vétérinaires vendent des phéromones en spray, qui peuvent aider à réduire l'anxiété du chat. Effectuez deux vaporisations dans la cage peu de temps avant d'y déposer votre chat. ***Ne le forcez jamais à entrer dans sa cage ou à faire quoi que ce soit qui l'inquiète***. Prenez le temps de l'aider à surmonter ses peurs, afin qu'il ne soit plus traumatisé par les visites chez le vétérinaire ou par les déplacements.

Et si mon chat est très stressé quand il est en pension ?

98 Trouver une bonne pension, avec un personnel dévoué attentif aux besoins des chats, demande du temps et le conseils d'amis sont toujours utiles. Votre chat peut êt stressé pour différentes raisons : les odeurs étrangères, la proximité d'autre chats, la présence de personnes inconnues, des méthodes d'hygièr inhabituelles… Le personnel de la pension doit être ouvert à vos questions aux recommandations relatives à votre animal.

Apportez sa couverture ou son panier préféré, dont l'odeur familiè le rassurera. Quelques jouets seront également appréciés, surtout son temps d'exercice est réduit par rapport à d'habitude. Certaine pensions pour chats offrent une atmosphère plus calme détendue que d'autres, ainsi que davantage d'espace intérieur extérieur. Réservez longtemps à l'avance, car les bonne pensions se remplissent vite. Votre chat doit pouvc disposer d'un griffoir, d'un endroit pour dormir et, possible, d'éléments sur lesquels il pourra grimpe N'inscrivez jamais votre chat dans une pension q mélange des chats qui ne se connaissent pas ou dar laquelle les chats peuvent voir directement dans l'enclc de l'autre, sans intimité. Si votre chat est particulièreme stressé, envisagez la garde à domicile (voir « Et si… ? » n° 99).

Et si mon chat ne peut pas m'accompagner en vacances ?

99 Les personnes qui ont un animal domestique doivent prévc un moyen de le faire garder en leur absence, qu'il s'agiss d'une nuit, d'un week-end ou de vacances prolongée Malgré leur caractère indépendant, les chats ne devraient jamais être laisse seuls. Il existe plusieurs modes de garde :

- **Garde à domicile :** certains chats préfèrent rester chez eux en l'absenc de leur maître. Vous pouvez peut-être demander à un de vos proches c venir s'en occuper tous les jours. Il lui faudra donner de l'eau et de nourriture, nettoyer le bac à litière et passer un peu de temps avec vot chat. Laissez-lui des instructions claires quant à la quantité c nourriture (prévoyez un stock suffisant), aux médicaments (quand comment lui administrer) ainsi que les coordonnées de vot vétérinaire en cas d'urgence. Pensez si possible à changer la plaqu d'identité de votre chat, afin qu'elle porte le numéro de téléphone c la personne qui s'en occupe en votre absence. N'oubliez pas nc plus de sortir sa cage de transport.
- **Garde à domicile professionnelle :** si aucun de vos proche n'est disponible, vous pouvez avoir recours à des gardier professionnels. Demandez à votre vétérinaire de vous recommander ur agence et vérifiez ses références. L'agence doit fournir la preuve qu'elle e affiliée à la police, étant donné que l'on aura accès à votre domicile.
- **Pension pour chats :** cette solution convient aux chats qui n'aiment pa que des inconnus entrent chez eux ou aux propriétaires qui ne veulent pa d'étrangers dans leur domicile. Là encore, demandez conseil auprès de vot

Ci-dessus : *Vos absences méritent un peu de prévoyance.*

vétérinaire. Allez visiter les pensions, parlez au personnel. Faites-vous votre propre jugement et faites part de vos exigences. La plupart des pensions pour chats vous demanderont un certificat de vaccination, aussi bien pour la protection de votre animal que pour celle des autres. Le personnel vous permettra généralement d'apporter un objet dont l'odeur familière pourra rassurer votre chat.

Et si mon chat se perd ?

100

Bien que les chats soient des animaux très discrets, la plupart ont des habitudes connues de leurs maîtres. Quand un chat disparaît, plusieurs démarches peuvent être entreprises pour optimiser les chances de son retour. Restez positif car la plupart des chats en fugue finissent par rentrer chez eux et l'on ne compte plus les histoires où l'animal revient après une longue période d'absence.

Les mâles ont plus tendance à vagabonder que les femelles, surtout s'ils ne sont pas châtrés. Dans ce cas, il vous faudra ratisser tout le quartier. Contactez la S.P.A. locale, ainsi que les pensions pour chats et les vétérinaires, afin qu'ils soient alertés. Avertissez également les gens de votre quartier, qui l'auront peut-être aperçu et qui pourront toujours vérifier leurs abris, garages et autres serres.

Les chats d'appartement qui se retrouvent accidentellement dehors peuvent, sous le coup de la panique, être incapables de rentrer chez eux. Ils se cacheront probablement tout près, mais n'oseront pas sortir de leur cachette, même au son de voix de leur propriétaire. Dans ce type de scénario, l'autoprotection est toujours la priorité du chat, qui restera probablement caché jusqu'à ce que les choses se calment.

Si votre chat est équipé d'une puce électronique, il pourra être identifié une fois retrouvé. Les colliers et les plaques portant vos coordonnées sont également utiles, mais peuvent toutefois se perdre et ne constituent pas une méthode d'identification fiable à 100 %.

Remarque : si vous utilisez un collier, vérifiez qu'il n'est ***ni trop serré ni trop lâche***, les deux comportant des risques. Un collier serré peut endommager la peau ou provoquer des problèmes de respiration ; un collier trop lâche est aussi dangereux car votre chat peut se prendre la patte ou la mâchoire dedans et rester coincé. Les colliers élastiques sont juste assez souples pour libérer un chat pris au piège sans le faire souffrir.

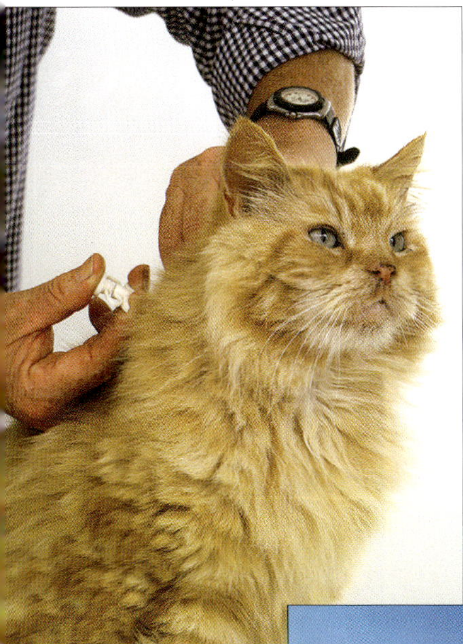

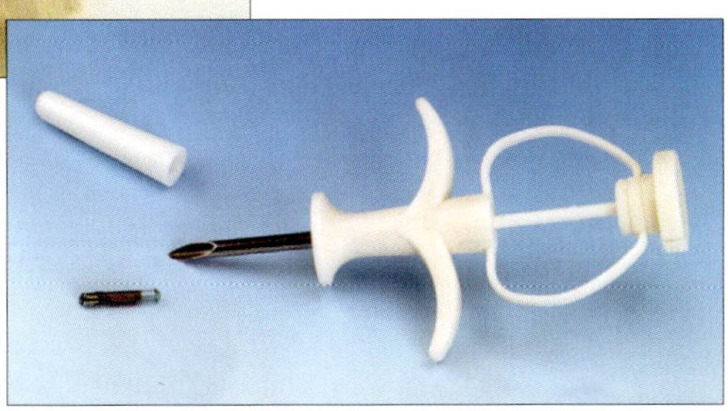

Ci-dessus et à droite : *La puce électronique est un moyen d'identification très efficace : elle permet au chat de garder vos coordonnées et limite les risques de disparition.*

Et si mon chat vagabonde ?

101 La superficie du territoire d'un chat varie considérablement d'un individu à l'autre. Dans un quartier peuplé de nombreux chats, un individu peut occuper un territoire divisé en différentes zones, requérant parfois de longues pérégrinations. Les mâles se déplacent généralement plus loin que les femelles, et ceux qui ne sont pas châtrés peuvent parcourir des kilomètres pour retrouver une femelle en chaleur (la castration réduit les tentations et freine les instincts de vagabondage des chats). Pour éviter qu'il maraude, veillez à ce que votre chat ait tout ce dont il a besoin chez vous : attention, exercice physique, nourriture et points d'eau, lieux de repos et litière propre.

Et si mon chat rapporte des proies à la maison ?

102 Il arrive à la plupart des chats de rapporter des trophées de chasse à leur maître. Ce comportement est plus courant chez les femelles, mais les mâles le font aussi. Dans la nature, les félins femelles tuent et rapportent leur proie à leurs petits, afin de leur apprendre à chasser. Bien que cela soit plutôt déplaisant, il serait injuste de punir votre chat, qui pourrait ne pas comprendre : après tout, il ne se rend pas forcément compte que son maître n'apprécie guère de se réveiller avec une souris ou une grenouille dans ses pantoufles !

Si le « trophée » est encore vivant, tâchez de le capturer et de le libérer. Mieux vaut tenter d'attraper la proie en la piégeant sous une poubelle retournée ; vous limiterez ainsi ses mouvements sans risquer de vous faire mordre ou de blesser l'animal.

À gauche : *Proposez à votre chat des jeux et des fausses proies qu'il pourra attraper dans la maison.*

Et si mon chat ne chasse pas les souris ?

103 L'instinct de chasse varie d'un chat à l'autre. Cela dépend de ses expériences juvéniles, de sa race (qui influe sur sa capacité à chasser) et de sa santé. Il est tout à fait inutile de forcer un chat à chasser les souris : mieux vaut investir dans des souricières et pièges à rats que vous disposerez dans des endroits sûrs et inaccessibles à votre chat et à tout autre animal chasseur (voir « Et si... ? » n° 82). N'oubliez pas que votre chat peut aussi chasser d'autres animaux que les souris.

Et si mon chat doit subir un déménagement ?

104 Changer de domicile n'est pas plus facile pour les animaux que pour les humains. Toutefois, il existe un certain nombre de choses à faire afin que votre déménagement se passe au mieux et que votre chat s'adapte aussi vite que possible à son nouvel environnement.

Solutions : déterminez la marche à suivre avec les membres de votre famille avant le jour J, de sorte que tout le monde sache comment le déménagement va se dérouler. Enfermez votre chat dans une pièce, ou placez un panneau sur la porte afin de rappeler aux gens de ne pas l'ouvrir. Veillez à ce que les déménageurs ou les amis qui vous aident n'aient pas accès à cette pièce.

Une fois tous les meubles et cartons sortis, vous pouvez mettre votre chat dans sa cage de transport et emporter ses affaires avec vous afin de les avoir à portée de main dès votre arrivée. Faites porter à votre chat un collier avec vos coordonnées précises et à jour. Dans votre nouveau domicile, choisissez une pièce où vous l'enfermerez quelques jours, le temps d'installer les autres meubles et cartons. Emménagez la pièce principale et déposez-y votre chat, son bac à litière, sa couverture, ses jouets et ses bols. Laissez-le explorer à son rythme. L'utilisation d'un diffuseur de phéromones (voir p. 30) peut l'aider à se familiariser avec son nouvel environnement. Laissez-lui toujours le temps de s'acclimater. Idéalement, votre chat ne devrait pas sortir de votre nouveau domicile pendant une ou deux semaines. Ensuite, laissez-le s'aventurer brièvement dehors, sous votre surveillance et avant l'heure de son repas, de sorte qu'il revienne facilement quand on l'appelle. Si votre chat ne semble pas motivé par la nourriture, optez pour un harnais et une laisse afin de l'empêcher de trop s'éloigner et de se perdre.

Si vous déménagez non loin de votre ancien domicile, votre chat pourra y retourner facilement. Laissez vos coordonnées au nouvel occupant afin qu'il puisse vous contacter si cela se produisait. Dans ce cas, prolongez la période d'enfermement de votre animal avant de lui permettre de vagabonder librement. Plus il restera dans son nouvel environnement, plus il y sera attaché.

Ci-dessous : *Lors d'un déménagement, votre chat sera exposé à de nombreux changements bien avant le jour J. Les chats se perdent souvent dans ces moments-là : assurez-vous qu'il ne saute pas dans un carton, ou qu'il ne s'échappe pas.*

Et si mon chat déteste la voiture ?

105 En général, les chats n'aiment pas voyager. Hormis les sorties occasionnelles chez le vétérinaire, ils n'on guère l'occasion de le faire. La notion de territoire es essentielle au bien-être du chat, et tout changement soudain, impliquan notamment un déplacement, peut être source de stress pour votre animal.

Solutions : pour minimiser tout sentiment d'insécurité associé au voyage suivez les quelques conseils suivants :

- Installez votre chat dans sa cage de transport bien avant de partir, afin qu' s'y sente à l'aise (voir « Et si… ? » n° 97). Ne le laissez jamais circule librement dans votre véhicule.
- Veillez à ne pas secouer votre chat lorsque vous le transportez dans sa cage. Assurez-vous également que la cage est bien calée dans la voiture et évitez de freiner ou de tourner trop brusquement.
- Vaporisez l'intérieur de la voiture de phéromones (voir p. 30) environ 20 minutes avant de partir, en suivant les instructions du fabricant.
- Veillez à ce que votre chat ne mange pas trop avant de voyager.
- Faites-lui effectuer plusieurs courts trajets en voiture quelques semaines avant votre voyage, afin qu'il s'y habitue.
- Arrêtez-vous régulièrement pour lui donner à boire.
- Si votre chat est particulièrement sensible, votre vétérinaire pourra vous prescrire un médicament contre le mal des transports.
- Si vous devez vous arrêter pour la nuit, réservez à l'avance dans un hôte acceptant les animaux. N'oubliez pas son bac à litière.
- Pendant la durée du voyage, mettez à votre chat un collier avec votre numéro de téléphone mobile ou votre adresse pendant votre séjour.
- Ne laissez jamais votre chat enfermé dans la voiture : il pourrait rapidemen souffrir de la chaleur.

Ci-dessous : *Utilisez toujours une cage ou un panier de transport auquel votre chat est habitué ; évitez les cartons ouverts et ne laissez jamais l'animal circuler librement.*

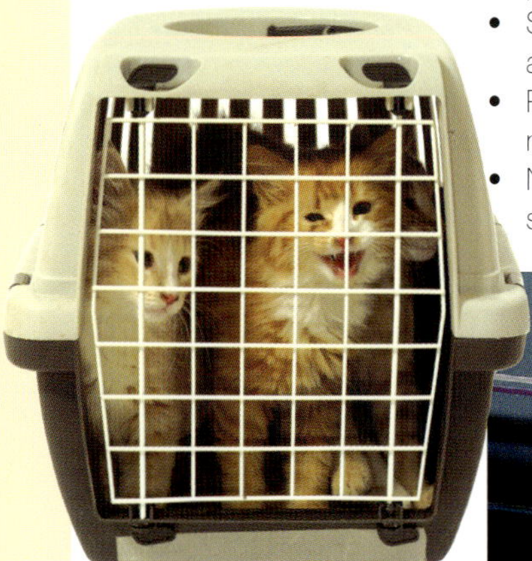

À droite : *Il est essentiel d'assurer la sécurité de votre chat en voyage, car il pourrait s'échapper sur un parking ou sur la route et se mettre en danger. Veillez à ce qu'il porte vos coordonnées.*

Et si mon chat aime s'étendre au soleil ?

Ci-dessus et ci-dessous : Les chats aiment la chaleur et apprécient les endroits les plus ensoleillés.

106 Les chats aiment beaucoup le soleil et s'y exposent dès que possible. Malgré tout, il est important d'encourager votre animal à se reposer de temps en temps à l'ombre pour éviter les coups de chaleur. Les chats blancs ou de couleur claire sont plus sensibles aux cancers dus à une surexposition, notamment sur l'oreille et le museau. Si c'est le cas de votre chat, appliquez-lui un produit antisolaire spécial chats. Ne lui mettez jamais votre propre crème solaire sans demander conseil à votre vétérinaire : le produit pourrait être toxique et provoquer d'autres problèmes quand il fait sa toilette. Si vous remarquez des lésions ou une marque suspecte sur sa peau, consultez votre vétérinaire. Chez les félins, les cancers de la peau se traitent bien lorsqu'ils sont décelés à temps. Veillez enfin à ce que le chat ait toujours accès à de l'eau fraîche.

Soyez particulièrement attentif si vous (ou vos voisins) possédez une serre. Avant de la refermer, vérifiez toujours qu'il n'y a pas de chat à l'intérieur, et demandez à vos voisins de faire de même. La chaleur intense qui se développe à l'intérieur est extrêmement dangereuse pour un animal qui y resterait enfermé.

Et si mon chat est là quand j'organise une fête ?

107 Quel que soit le type de fête, prévoyez une solution pour votre chat afin que vous puissiez vous amuser sans inquiétude. Certains chats supportent mieux que d'autres le bruit et l'intrusion. Si votre chat se comporte bien en pension, envisagez de l'y déposer le temps d'une nuit : il y sera mieux qu'au milieu d'une foule d'invités. Si la fête ne doit pas durer longtemps et que vous disposez d'un endroit sûr où l'enfermer, c'est également une possibilité. Si vous prévoyez de tirer des feux d'artifice, sachez que les détonations et les explosions peuvent fortement perturber l'animal. Enfermez-le avant que les feux d'artifice ne commencent. D'ailleurs, faites de même pour tout événement susceptible de mettre en scène des feux d'artifice (Nouvel An ou 14 juillet).

Solutions : veillez à ce que la pièce où il sera enfermé soit aussi sûre que possible : fermez les fenêtres et portes, tirez les rideaux et, si possible, allumez la télévision ou la radio pour couvrir une partie des bruits de la fête. Accrochez un panneau sur la porte afin que personne ne l'ouvre. Installez un bac à litière dans la pièce et laissez votre animal explorer les lieux avant le début des festivités. Assurez-vous que les coordonnées de son collier ou de sa puce électronique sont à jour, au cas où il réussirait à s'échapper. Votre chat préférera peut-être rester dans sa cage de transport, où il se sentira plus en sécurité. S'il montre d'importants signes de stress pendant les feux d'artifice ou autre événement bruyant, envisagez de le faire garder ailleurs une prochaine fois, ou discutez-en avec votre vétérinaire qui pourra lui prescrire des décontractants.

Ci-dessus : *Le chat craint les bruits forts ; prévoyez pour lui un endroit sûr ou confiez-le à une pension pour chats.*

À droite : *Votre chat appréciera certains aspects de la fête, une fois que celle-ci sera terminée !*

Et si mon chat ne veut pas sortir ?

108 Si votre chat n'a jamais mis le nez dehors, il peut montrer une certaine réticence à s'aventurer à l'extérieur. Certains chats refusent de sortir en raison de problèmes rencontrés dans le passé, telle la rencontre avec un autre chat. La plupart des chats n'aiment pas sortir par mauvais temps. Quoi qu'il en soit, chaque chat a ses propres raisons de vouloir rester à la maison, et il serait vain de vouloir le forcer à sortir contre son gré : cela pourrait augmenter sa peur ou l'inciter à vous fuir. Essayez de comprendre ses craintes (voir les « Et si... ? » qui répondent au problème particulier du chat), puis encouragez-le progressivement à sortir en utilisant des friandises et des jeux.

Prenez votre temps : il a peut-être besoin de retrouver une certaine confiance. Soyez prêt à lui offrir davantage d'endroits à l'abri dans votre jardin et à enrichir votre environnement afin qu'il soit heureux et satisfait à tout moment. Envisagez éventuellement d'installer une clôture qui empêchera les rencontres fâcheuses avec d'autres chats, des véhicules ou des gens, susceptibles de lui faire peur.

Si votre chat adulte a toujours été un chat d'intérieur, acceptez le fait que c'est son mode de vie et que ses expériences de socialisation ne lui permettent pas de surmonter le monde extérieur. Efforcez-vous plutôt de créer un environnement intérieur intéressant.

Ci-dessus : *Votre chat se sent peut-être plus en sécurité à l'intérieur, notamment s'il n'est jamais sorti. Certains chats apprennent néanmoins à s'adapter, grâce à de brèves et agréables expériences à l'extérieur.*

À droite : *Certains chats refusent de sortir après une expérience particulièrement traumatisante. Essayez d'en déterminer la cause puis adaptez votre extérieur pour redonner confiance à votre animal.*

PRÉVENTION ET TRAITEMENT DES MALADIES

Francesca Riccomini

PARTIE 5

SOMMAIRE

Et si mon chat… ?

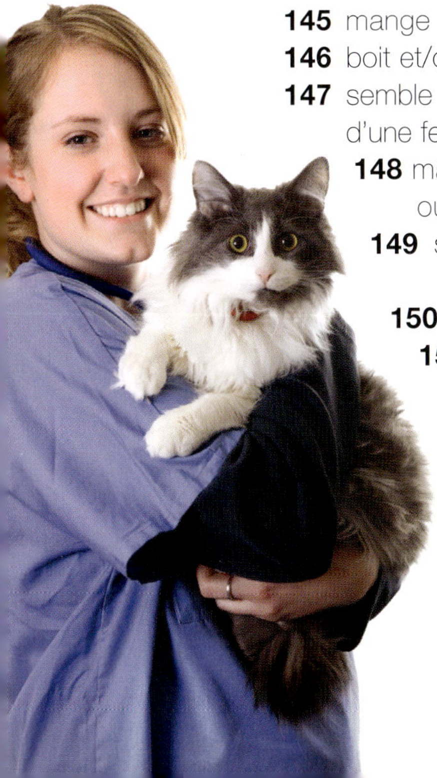

INTRODUCTION

On a souvent l'impression de bien connaître son chat, mais quand i s'agit de faire la différence entre une bonne santé et un éta pathologique, mieux vaut avoir recours à un vétérinaire qui saura interpréter tout changement de comportement. Dans la nature, en effet, une proie potentielle ne cherchera jamais à montrer qu'elle es faible et vulnérable. Les chats n'étant pas seulement des prédateurs mais également des proies, il n'est pas toujours aisé de déterminer s un changement de comportement est susceptible de dénoter un problème de santé.

Ci-dessus : *Se familiariser avec les habitudes comportementales de son chat permet de déceler les symptômes d'une éventuelle maladie.*

Dans une clinique, le comportement aide à évaluer les problèmes de santé, la nature des changements indiquant généralement quels systèmes corporels sont affectés, ainsi que la cause probable. On procède alors à des analyses afin d'établir un diagnostic et prescrire un traitement approprié. Là encore, le comportement de l'animal permettra de savoir si l'on est sur la bonne voie e si le traitement l'aide à recouvrer la santé. Ne laissez jamais le manque de temps, ou le manque de confiance en votre jugement vous empêcher de chercher de l'aide, car une fois que les problèmes sont bien établis, ils son souvent plus compliqués. Naturellement, ce n'est pas seulement en cas de difficultés que les maîtres et les vétérinaires se côtoient. La prévention est un élément clé de la pratique vétérinaire. Des visites régulières dans un cabinet permettront de forger des liens avec un vétérinaire qui aura l'avantage, en cas de problème, de savoir comment se comportait l'animal quand il était en forme.

Ci-dessous : *Spécialistes compétents et maîtres attentionnés sauront collaborer pour réduire le stress des visites chez le vétérinaire.*

Choisir un vétérinaire

Le choix d'un vétérinaire ne doit pas simplement relever de la proximité géographique. Les chats sont les animaux domestiques les plus appréciés dans plusieurs pays. Ils commencent enfin à obtenir la considération qu'ils méritent en termes médicaux. Toutefois, il existe toutes sortes d'attitudes et d'aptitudes dans le monde vétérinaire e vous aurez tout intérêt à chercher un praticien compréhensif et compétent, qui se comporte de manière sensible avec les animaux comme avec leurs propriétaires.

Dans le cas contraire, l'effet cumulatif de visites stressantes chez le vétérinaire peut rendre les chats difficiles à manier, à examiner et à traiter, et faire redouter ces visites aux maîtres eux-mêmes. La meilleure façon de trouver un vétérinaire qu vous convienne avant que votre animal en ait besoin consiste à :

- Demander conseils à d'autres propriétaires de chats.
- Parler au personnel du cabinet.

- Se renseigner sur les disponibilités du cabinet en cas d'urgence hors heures d'ouverture.
- Demander à visiter les lieux à un moment adéquat.

Il peut être également utile de signaler au cabinet tout problème spécifique à votre chat, ou toute particularité concernant votre animal ou vous-même.

Un cabinet de consultation vétérinaire sera plus à même d'évaluer la situation si le personnel sait déjà que vous avez besoin d'aide pour transporter votre chat, que votre animal a des antécédents médicaux compliqués, ou qu'il vient d'être trouvé et nécessite des soins particuliers…

Vous pouvez aussi contribuer au bon déroulement des visites chez le vétérinaire en conservant dans un dossier tous les documents relatifs à votre animal, notamment en cas de crise. Le fait de consigner les différentes vaccinations, les accidents mineurs ou majeurs, les maladies et les interventions chirurgicales, les réactions aux médicaments ou les régimes particuliers facilitera le travail du vétérinaire.

Et si mon chat est malade sans que je le remarque ?

109

Les chats ne sont pas des compagnons aussi bruyants, exubérants et sociables que les chiens. Leur stratégie, quand ils ne se sentent pas dans leur assiette, consiste le plus souvent à se cacher. C'est donc à juste titre que les propriétaires de chats craignent souvent de ne pas voir les symptômes d'un trouble particulier, surtout lorsqu'on sait que les félins passent une grande partie de leur temps à dormir et qu'il est très difficile de déceler chez eux un état léthargique.

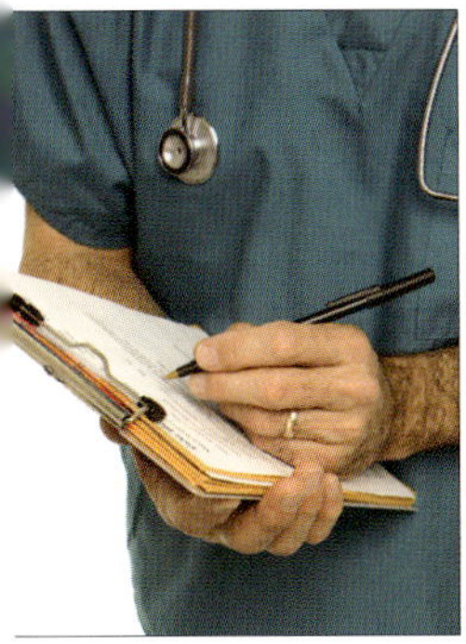

La plupart des maladies sont associées à des symptômes qui, bien que subtils, peuvent se déceler à l'observation, même si le chat n'est pas très présent. La plupart du temps, ce sont ***des changements de comportement*** qui font suspecter une blessure ou une maladie, et tout maître responsable saura les repérer. Quoi qu'il en soit, mieux vaut consulter plutôt que de risquer de négliger un problème médical.

Ci-dessus : *Quelques notes préparées à l'avance aideront votre vétérinaire !*

À droite : *Un isolement excessif pourrait indiquer que votre chat a besoin de soins vétérinaires.*

Et si mon chat ne sort jamais ?

110 Si votre chat ne sort jamais, vous vous demandez peut-être s'il est nécessaire de l'emmener régulièrement chez le vétérinaire et de le faire vacciner. La réponse est « oui », parce que le vétérinaire a besoin de vous connaître et parce que certaines affections ne sont pas précédées par des symptômes visibles. Il serait dommage en effet que votre chat développe une maladie sans que vous vous en rendiez compte. En effet, il peut faire partie d'un groupe vulnérable – chatons, sujets âgés –, ou la race à laquelle il appartient peut présenter des prédispositions à certaines pathologies. Des visites régulières peuvent permettre au vétérinaire de déceler un problème et de proposer un traitement préventif ou curatif.

Ces visites facilitent également la détection de problèmes mineurs, qui passeraient inaperçus aux yeux des maîtres : une prise de poids graduelle et insidieuse, ou une perte de poids lente mais progressive... Il arrive aussi que des grosseurs apparaissent et se développent sans que le maître y fasse très attention.

Et si mon chat est malade, quels seront les symptômes visibles ?

111 C'est le changement qui est important. D'où la nécessité de bien connaître les habitudes de votre animal domestique dans son état « normal ».

Appétit : l'augmentation (polyphagie) et la diminution ou la perte (anorexie) de l'appétit sont à surveiller, notamment si l'effet sur le poids de l'animal n'est pas celui que l'on attend. Bien sûr, il faut faire preuve de bon sens avant de se laisser gagner par la panique. Si, par exemple, l'inappétence est apparue depuis peu et coïncide avec un changement d'alimentation ou une nouvelle marque de nourriture, il n'y a probablement pas de quoi s'inquiéter. Mais si vous décelez une perte d'intérêt et d'appétit sans raison apparente, ou qui coïncide avec d'autres changements de comportement, une consultation s'impose.

Poids : l'excès de poids est nuisible à la santé et prédispose les animaux domestiques à toutes sortes de problèmes. Les modes de vie actuels ont modifié nos attentes par rapport aux animaux de compagnie, comme en témoignent l'augmentation du nombre des chats d'appartement ou la tendance à traiter les animaux comme des membres de la famille. Ceci ne fait qu'accroître les problèmes d'obésité. La solution réside dans une approche à la fois médicale et comportementale.

La perte de poids, elle aussi, notamment lorsqu'elle est combinée à une augmentation de l'appétit ou de la soif, est révélatrice de problèmes potentiels. Ainsi, à moins qu'il ne soit soumis à un régime amaigrissant, un chat anorexique ne doit pas tarder à voir un vétérinaire.

Soif : l'augmentation de la soif (polydipsie) est généralement assez grave et peut cacher toutes sortes de problèmes pathologiques. Il est important d'évaluer la quantité de liquide consommée par votre chat, même si ce sont

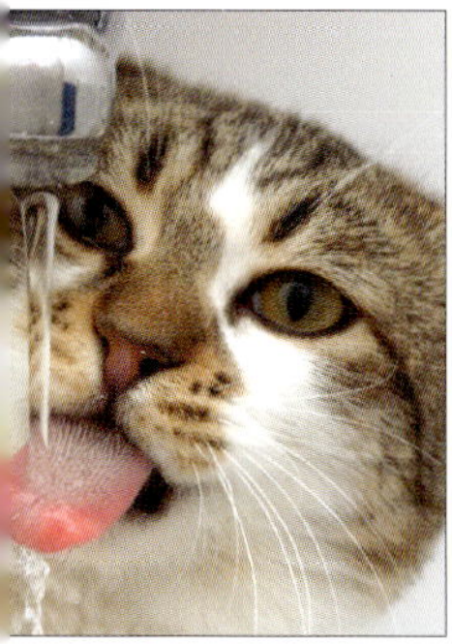

Ci-dessus : *S'amuser avec l'eau est une chose, mais une soif excessive ou un changement dans la façon de se désaltérer d'un chat peut révéler un problème de santé.*

plutôt les changements d'habitude qui doivent vous alerter. Par exemple, la plupart des chats qui ont une alimentation humide boivent rarement. Si vous découvrez votre chat en train de laper les mares, les flaques, les arrosoirs ou les verres d'eau, emmenez-le chez le vétérinaire. Il peut s'agir simplement d'une augmentation de la température intérieure pendant les mois d'hiver, ou d'une vague de chaleur qui assoiffe les animaux, mais mieux vaut s'en assurer.

Léthargie : l'énergie croît et décroît naturellement au cours de la journée. Les chats sont généralement plus actifs à l'aube et au crépuscule ; ils se reposent le reste du temps, surtout après s'être beaucoup dépensés ou lorsque la température ambiante est élevée. Mais si un chat qui a l'habitude d'être actif dans la journée se met soudain à dormir et/ou se reposer excessivement, il se peut qu'il n'aille pas bien. Emmenez-le chez le vétérinaire, en particulier si la diminution de l'activité ou l'augmentation de la léthargie s'accompagne d'autres changements, ou si les yeux normalement vifs et brillants de votre chat deviennent ternes et que son expression animée fait place à un regard fatigué.

Raideur/boiterie : les chats sont réputés pour la fluidité et la grâce de leurs mouvements. Toute boiterie, gonflement des membres ou des jointures, raideur au lever ou réticence à sauter est potentiellement alarmante, qu'il s'agisse d'un état extrême et soudain ou d'un comportement relativement anodin devenant progressivement apparent. Bien sûr, toute blessure traumatique donnant lieu à des plaies, fractures, dislocations, entorses ou foulures des ligaments et des muscles relève de la médecine et de la chirurgie. Quant aux tumeurs, elles peuvent se développer dans n'importe quelle partie du système orthopédique (les os et les muscles) et provoquer des douleurs, infirmités, gonflements, voire des fractures pathologiques. Celles-ci, toutefois, sont relativement rares par rapport aux accidents de tous les jours et aux problèmes liés à l'âge qui, par ailleurs, sont trop souvent négligés. Cet état de fait est inquiétant : aujourd'hui, grâce à de meilleurs modes d'élevage, de nutrition et de soins vétérinaires, les chats peuvent vivre longtemps, même lorsqu'ils sont, comme nous, sujets à des troubles liés à l'âge, comme l'arthrite. Si personne ne les remarque ni ne les traite, ces maladies chroniques peuvent occasionner une gêne, nuisible au bien-être et à la qualité de vie de l'animal. Il est donc fortement conseillé de consulter régulièrement un vétérinaire. ▶

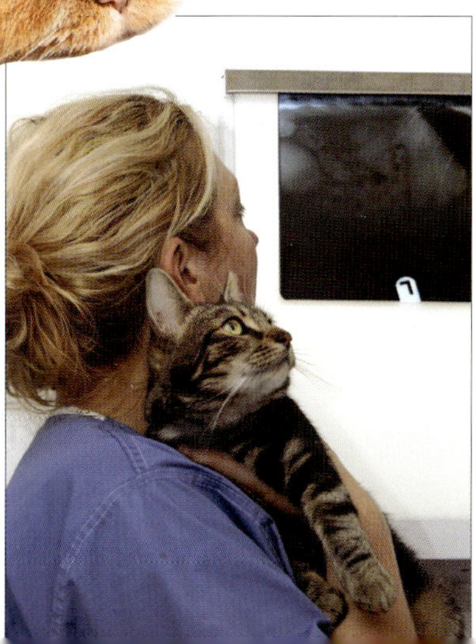

Ci-dessus : *Ne sous-estimez jamais une fatigue inhabituelle. Chez le chat, la léthargie peut être un symptôme de maladie.*

À droite : *Pour leur diagnostic, les vétérinaires utilisent diverses techniques de dépistage en plus de l'examen clinique et des informations données par les maîtres.*

Ci-dessus : *Vérifiez régulièrement le pelage de votre chat.*

Apparence : les félins se caractérisent par un pelage épais et brillan et tout changement d'aspect peut être synonyme de trouble. Le fa que votre chat n'entretienne plus son pelage, perde ses poils ou laiss son pelage s'emmêler ou former des touffes et des épis peut avc différentes causes. Il peut s'agir d'un affaiblissement de l'énergie, d'un douleur buccale ou encore d'une maladie grave touchant des organe importants, comme le foie et les reins, et nécessitant une interventio médicale rapide.

De même, si vous remarquez que votre chat se lèche beaucoup, cherche s'il peut y avoir un problème et assurez-vous d'être à jour dans votre programm antiparasites. Consultez votre vétérinaire si vous découvrez une plaie, de signes de perte de poils ou si la peau de votre chat est rouge, irritée, couvert de croûtes ou squameuse (pellicules). En outre, emmenez-le sans tarder à l clinique si vous observez les symptômes suivants :

- Vomissements
- Diarrhée
- Perte de sang
- Suppuration
- Toux
- Éternuements
- Problèmes respiratoires
- Problèmes de défécation
- Tremblements
- Perte d'équilibre ou chutes

Douleur : à l'état sauvage, les félins se comportent de façon à donner le moin d'indices possibles aux concurrents et prédateurs potentiels. En conséquence il est rare qu'un chat souffrant hurle, crie ou crache, à moins qu'on le touche où il a mal. Les chats expriment généralement la douleur et la détresse en se « refermant sur eux-mêmes », parfois en ronronnant bruyamment, comme pour se rassurer ou solliciter des soins de la part de leurs maîtres. Bien sûr, cela ne veut pas dire qu'un chat qui se comporte normalement dissimule un problème de santé ; mais si son comportement ou son aspect habituel changent, s'il est anormalement silencieux ou excessivement bruyant, demandez conseil à votre vétérinaire. Plus tôt vous détecterez les problèmes, mieux ils pourront être résolus.

Et si mon chat a besoin de soins d'urgence ?

112

Face à un problème soudain, un maître doit pouvoir réfléchir et agir rapidement. Il est essentiel de posséder le matériel nécessaire, ainsi que les numéros de téléphone importants, comme celui du cabinet de consultation vétérinaire et son service d'urgence. Préparez la cage de transport de votre chat, une serviette ou une couverture que vous pourrez utiliser comme civière et une petite bouillotte avec son enveloppe, afin de garder votre animal au chaud pendant le trajet jusque chez le vétérinaire.

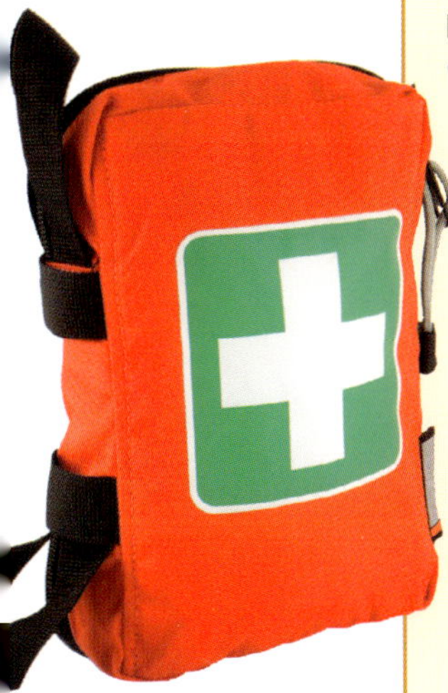

Votre trousse de secours :

Pommade/crème/solution antiseptique : demandez conseil à votre vétérinaire.

- Sel de table : pour préparer une solution saline destinée à laver les plaies mineures. Ajoutez environ une demi-cuillère à café de sel à un grand verre d'eau chaude.
- Compresses stériles.
- Coton hydrophile : un rouleau large ainsi que de petites boules afin d'absorber le sang d'éventuelles blessures.
- Pansements : deux ou trois tailles différentes.
- Pansements adhésifs.
- Rouleau de sparadrap étroit.
- Ciseaux et pince à épiler (à bouts ronds).
- Gants en latex.
- De quoi faire un garrot (corde ou bande plate).
- Compresse froide : gardez-en une (ou un sachet de petits pois) au congélateur. Avant de l'utiliser, par exemple pour un saignement de nez ou pour calmer une piqûre d'insectes ou une blessure, enveloppez-la bien afin d'éviter que les tissus ne soient gelés.

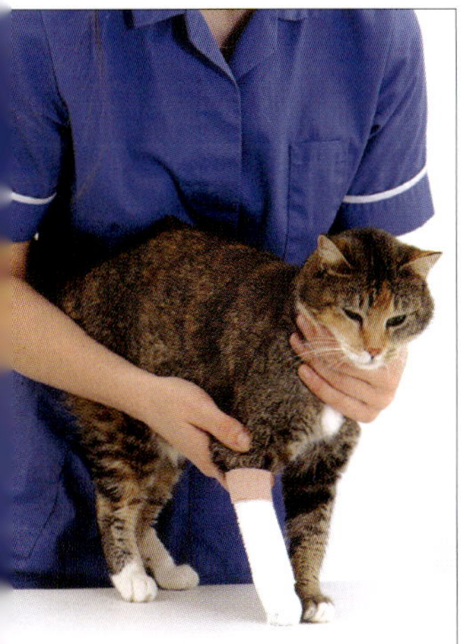

Ci-dessous : *Un pansement appliqué rapidement peut éviter la contamination et empêcher votre chat de lécher sa plaie. Toutefois, faites en sorte que le bandage ne soit pas trop serré.*

Que faire ?

- Gardez votre calme.
- Réfléchissez.
- N'agissez pas inconsidérément.
- Faites très attention en vous approchant de votre animal. S'il est blessé, effrayé, affligé ou souffrant, un chat peut agir de manière inhabituelle et vous blesser involontairement en vous mordant ou en vous griffant.
- Si votre chat est dans une position périlleuse, déplacez-le très doucement. S'il est tombé ou blessé, par exemple, faites-le rouler ou posez-le sur une couverture en prenant soin de soutenir tout son poids et de ne pas trop déplacer ses membres ni comprimer son corps.
- Veillez à ce qu'il puisse respirer en retirant tout ce qui pourrait obstruer sa gueule et en lui tirant délicatement la langue si nécessaire. En même temps, vérifiez la couleur de ses gencives : elles seront pâles s'il est en état de choc ou s'il a subi une hémorragie, et de couleur bleuâtre s'il a du mal à respirer. Dans ce cas, vérifiez que rien n'obstrue le fond de sa gorge.
- La respiration artificielle et le massage cardiaque exigeant de l'expérience, demandez immédiatement de l'aide professionnelle si vous n'êtes pas entraîné à ces notions de secourisme.
- N'administrez des soins d'urgence que si vous êtes sûr de ce que vous faites. Si vous ne savez pas comment agir, appelez le cabinet de votre vétérinaire en vous munissant d'un papier et d'un stylo pour pouvoir noter numéros, adresses et instructions. Décrivez la situation de manière concise et demandez conseil quant à la façon de gérer le problème.

Et si mon chat saigne ?

Ci-dessus : *Le garrot est une solution d'urgence pour stopper des saignements.*

113 Une hémorragie interne se devine aux extrémités froides et aux gencives pâles. Parfois, du sang peut s'écouler des narines, de la bouche ou de l'anus de l'animal : dégagez les narines pour que votre chat puisse respirer. Il n'y a rien d'autre à faire à part le manipuler calmement et délicatement, le garder au chaud et ***obtenir l'aide d'un vétérinaire aussi vite que possible.***

S'il saigne d'une plaie externe, localisez-la et, si elle est de petite taille, nettoyez-la à l'aide d'un produit antiseptique, telle une solution saline, avant d'appliquer un pansement stérile. Pensez à faire vérifier les plaies afin qu'elles ne s'infectent pas, et ***consultez un vétérinaire au plus vite si les saignements sont abondants***. Pendant ce temps, appliquez un bandage de taille adéquate si vous le pouvez, en le serrant suffisamment pour exercer une pression mais sans toutefois stopper la circulation.

Si un membre saigne abondamment et nécessite la pose d'un garrot, appliquez un ruban plat quelque part entre la blessure et le cœur et serrez-le afin d'arrêter la circulation sanguine ; ***veillez à ne pas le laisser plus de 15 minutes***. Il s'agit là d'une simple mesure de précaution en attendant l'aide d'un vétérinaire.

Et si mon chat est en état de choc ?

114 Un chat en état de choc aura les pattes et les oreilles froides au toucher, les gencives pâles, la respiration superficielle et le corps mou. Vérifiez que ses voies respiratoires ne sont pas obstruées et maintenez-le au calme et au chaud, par exemple en l'allongeant sur une bouillotte bien enveloppée et en le couvrant d'une couverture légère pendant que vous appelez le service d'urgence de votre clinique.

Et si mon chat s'est électrocuté ?

115 ***Ne touchez pas votre chat tant qu'il n'a pas été éloigné de la source d'électricité.*** Coupez l'électricité ou poussez le chat à l'aide d'un balai en bois. ***Consultez immédiatement votre vétérinaire***, tout en gardant votre animal au calme et au chaud.

Et si mon chat s'est brûlé ou ébouillanté ?

116 Il convient d'agir vite pour limiter la lésion des tissus due à la chaleur ou à un produit chimique corrosif. Rafraîchissez la zone touchée avec de l'eau froide, des glaçons ou une serviette mouillée. N'appliquez pas de pommade ou de pansement, mais empêchez votre chat de se lécher en l'enveloppant par exemple dans une serviette pendant que vous l'emmenez chez le vétérinaire.

Et si mon chat est victime d'un accident ?

117

- Transportez délicatement votre animal dans un endroit sûr (voir « Et si… ? » n° 112).
- Évaluez la situation.
- Vérifiez qu'il peut respirer, que ses voies respiratoires ne sont pas obstruées.
- Pansez les blessures.
- Mettez-le si possible dans sa cage de transport s'il souffre d'une fracture, d'une luxation ou de lésions internes.
- Gardez-le au chaud dans une pièce sombre et calme pour éviter d'accroître le stress et le choc.
- Appelez votre vétérinaire et faites-le venir au plus vite si son état paraît grave.

Et si mon chat s'est empoisonné ?

118

Les chats, par nature, réagissent mal à l'ingestion de substances toxiques et sont donc sujets à l'empoisonnement par divers produits utilisés à la maison ou au jardin, tel l'antigel, les désinfectants, la créosote et les médicaments usuels comme le paracétamol. Si vous pensez que votre chat a avalé, léché ou bu une substance potentiellement dangereuse, ***n'essayez pas de le faire vomir***; appelez les urgences vétérinaires en indiquant les éventuels produits ingérés.

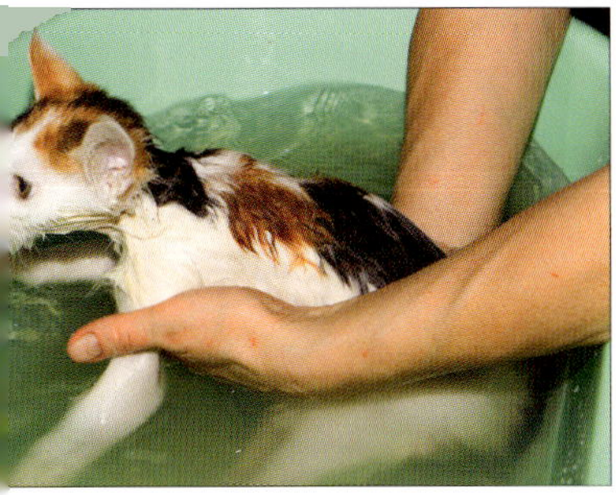

Si la substance toxique a contaminé le pelage de votre chat, empêchez-le de se lécher : mettez-le dans sa cage de transport afin de voir s'il bave, vomit ou perd l'équilibre, et consultez votre vétérinaire.

On pourra vous conseiller de nettoyer son pelage avec de l'eau chaude et du détergent liquide, mais assurez-vous que cette mesure est adaptée aux circonstances et n'aggrave pas la situation.

Et si mon chat se bat avec un autre ?

119

Bien que souvent violentes, les bagarres entre chats ne provoquent pas toujours des blessures. Quoi qu'il en soit, sachez que leur bouche contient des bactéries et que même une petite plaie peut s'infecter. Ne négligez donc jamais les blessures « anodines » ou les touffes de poils emmêlés. Coupez les poils à l'aide de ciseaux à bouts ronds, puis nettoyez la zone touchée deux fois par jour avec une solution saline tiède. Consultez votre vétérinaire si la périphérie est douloureuse ou si la plaie est importante, profonde ou suintante. Il vous prescrira probablement des antibiotiques pour éviter la formation d'un abcès.

Ci-dessus : *Si vous devez laver votre chat, demandez à votre vétérinaire quel shampooing utiliser.*

À droite : *Observez soigneusement votre chat après une bagarre. Les plaies perforantes ne sont pas toujours très visibles.*

Et si mon chat a été pris dans un incendie ?

120

- Éloignez-le de la zone dangereuse.
- Mettez-le dans un endroit tranquille, sombre et aéré afin qu'il se calme.
- Procédez aux soins d'urgence.
- Empêchez-le de se lécher, car son poil peut être infecté.
- Consultez votre vétérinaire.

Même si votre chat n'est pas blessé, il peut développer une pneumonie à cause de la fumée inhalée. De nos jours on prévient cette maladie plus facilement qu'autrefois, mais le traitement do être immédiat et parfois agressif (inhalations de vapeur, physiothérapie e oxygénothérapie, le tout destiné à débarrasser les poumons des particules d fumée). ***Agissez rapidement***, donnez autant de détails que possible à votr vétérinaire et renseignez-vous sur le traitement que votre chat devra subir.

Ci-dessous : *Un état agressif inhabituel peut indiquer que votre chat souffre.*

Et si mon chat crache et souffle quand je le prends ?

121

Si votre chat se laisse généralement prendre sans peine un comportement réticent peut trahir de la peur et/ou d la douleur. Posez-le immédiatement afin qu'il ne vou blesse pas ou qu'il s'affole encore plus, ce qui pourrait aggraver son cas. N le laissez pas s'échapper et examinez-le soigneusement (à distance s nécessaire) pour détecter toute anomalie physique – difficulté respiratoire o boiterie, par exemple. Tachez de déterminer les circonstances : un événemen stressant s'est-il produit dans son environnement ? Est-il rentré en toute hât comme s'il avait été impliqué dans une bagarre ou un accident ? Occultez le fenêtres et gardez-le au calme pendant que vous réfléchissez aux mesures prendre ; à moins que vous ne détectiez tout de suite un problème mineur e anodin, prévoyez de l'emmener chez le vétérinaire (voir aussi « Et si… ? n° 66).

Et si mon chat a besoin de soins préventifs ?

122

Nous sommes capables de protéger les chats contr un certain nombre de maladies infectieuses, contre le parasites et les problèmes dentaires. Toute mesur destinée à éviter des problèmes relève des soins préventifs.

Dans la liste des préventions devrait également figurer l'identification de animaux : votre vétérinaire peut en effet implanter une puce électronique sou la peau de votre chat. Chacune dispose d'un numéro unique associé à vo coordonnées et relié à un ordinateur central. Ainsi, si votre animal se perd o est victime d'un accident, vous pourrez aisément le retrouver.

D'autres moyens d'identification, tel un collier sur lequel sont indiquées vo coordonnées sont toujours utiles. Veillez à ce que le collier soit muni d'un sécurité et qu'il ne soit pas trop lâche. Il pourrait se prendre dans sa mâchoir inférieure ou sous sa patte avant. À contrario, certains colliers trop serré peuvent provoquer des blessures au niveau de la peau.

Et si mon chat n'est pas vacciné ?

Ci-dessus : *Ne tardez jamais si vous remarquez des traces d'écoulement ou de sang autour du nez de votre chat. Il peut avoir eu un accident ou être malade. Plus tôt il sera soigné, meilleures seront ses chances de guérir.*

À droite : *L'efficacité des vaccins a grandement réduit la fréquence de certaines maladies infectieuses. N'oubliez pas que des rappels réguliers sont indispensables au maintien de l'immunité. Votre vétérinaire saura vous conseiller sur le choix d'un programme de vaccination.*

123 (Voir aussi « Et si… ? » n° 111). Ce type de négligence peut exposer votre chat à des maladies, que l'on est aujourd'hui pourtant capable de prévenir à l'aide de vaccins. Voici les principales :

Leucopénie féline (entérite infectieuse ou typhus du chat)

Cette maladie virale provoque d'importants vomissements et diarrhées, qui peuvent être fatals en quelques heures, notamment chez les chatons et les jeunes chats. Elle se transmet par les matières fécales infectées et devient moins courante en raison de l'efficacité du vaccin (voir aussi « Et si… ? » n°s 140 et 150).

Herpesvirus félin (grippe/coryza du chat)

Calicivirus félin (grippe/coryza du chat)

La grippe ou coryza du chat provoque une élévation de la température, des éternuements et des écoulements nasaux et oculaires, parfois accompagnés d'une douloureuse ulcération de la langue et de problèmes de cornée. Selon la souche contractée, les chats infectés peuvent être porteurs toute leur vie et transmettre le virus s'ils sont stressés. Si la grippe n'est généralement pas une maladie mortelle, elle doit cependant être prise au sérieux notamment chez les chatons et les sujets âgés (voir aussi « Et si… ? » n°s 130, 131, 132 et 135).

Virus de la leucémie féline (FeLV)

Transmis par la salive, ce virus attaque le système immunitaire et ses symptômes sont variables, parfois indécelables en début d'infection. La perte de poids, le manque d'appétit et la léthargie sont les principaux symptômes de ce virus qui provoque des cancers, allant de la leucémie (qui touche les cellules du sang) aux tumeurs du système lymphatique, en particulier dans la poitrine et l'abdomen. (Voir aussi « Et si… ? » n° 140, 141, 145, 146 et 147).

Chlamydiose féline

Cette bactérie provoque des conjonctivites (inflammation et gonflement des paupières) ainsi que des symptômes d'infection respiratoire – écoulements des yeux et du nez, éternuements et toux. Elle se transmet par contact direct entre chats et se traite généralement avec des antibiotiques, mais il existe un vaccin (voir aussi « Et si… ? » n° 132).

Bordetellose féline

Cette affection également d'origine bactérienne est l'un des agents infectieux de la « toux de chenil » des chiens. La vaccination se fait par le biais de gouttes nasales ; elle est recommandée pour les chats qui sont laissés en pension, qui vivent avec d'autres chats ou partagent leur domicile avec des chiens (voir aussi « Et si… ? » n°s 132 et 135). ▶

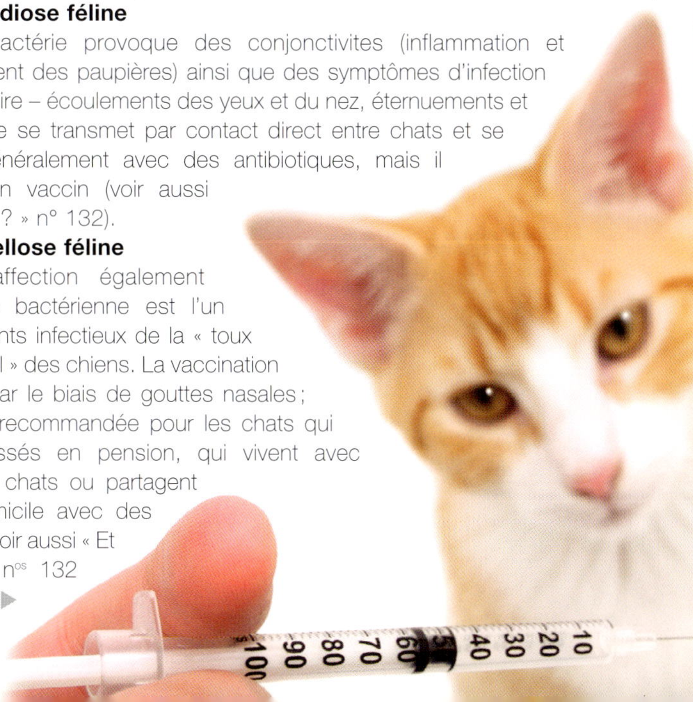

Ci-dessous : Les chatons non vaccinés sont particulièrement vulnérables aux maladies que l'on peut éviter. Il est essentiel de les vacciner au plus vite afin de leur offrir une protection maximale.

Rage

Cette maladie mortelle affecte le système nerveux et entraîne des changements de comportement qui se traduisent d'abord par une brève dépression, puis par de l'agressivité, et enfin, la paralysie. ***Il n'y a pas de remède contre la rage,*** qui est transmissible à l'homme. Absente de certains pays, elle est considérée comme une véritable menac dans diverses parties du monde. Il existe un vaccin et l'on doit toujours obter des informations de l'ambassade ou des autorités de son pays sur la situatic locale, si l'on doit voyager à l'étranger avec un chat.

Là où la maladie n'existe pas, il faut obtenir une autorisation avant de fai vacciner un animal (auprès du DEFRA au Royaume-Uni, par exemple). Si vou vivez dans une région où la rage est endémique, votre vétérinaire vous renseigne sur la situation locale et vous proposera un programme de vaccination.

> **N'oubliez pas...** Choisissez toujours avec votre vétérinaire le programme de vaccination le plus adapté à votre chat ; le praticien connaît en effet les conditions de votre zone géographique, l'historique médical de votre animal et son mode de vie. Par exemple, il est généralement conseillé de ne pas vacciner les chats d'appartement contre le FeLV, mais dans certains cas, il se peut que cela soit recommandé. En outre, certains vaccins ne sont pas disponibles ou autorisés dans tous les pays.

Ces vaccins couvrent-ils toutes les maladies infectieuses félines

Hélas, il existe d'autres maladies félines potentiellement fatales po lesquelles aucun vaccin n'est disponible. Voici les principales :

Virus de l'immunodéficience féline (FIV)

Cette infection virale est similaire au VIH, mais n'est pas transmissible du ch à l'homme. Ses effets sont les mêmes que ceux du SIDA. Les individu touchés peuvent rester en forme pendant un certain temps ou succomber trè vite, et présenter des symptômes divers : perte de poids, léthargi inappétence, vomissements, diarrhée, infections gingivales, troubles des yeu et de la peau. Le FIV se transmet principalement par morsure, sur des cha vulnérables partageant leur bol de nourriture avec des sujets infectés ou de mère au chaton. Il n'existe ***aucun traitement***, mais des analyses de sar peuvent être pratiquées pour identifier les chats porteurs (voir aussi « si... ? » n°s 129, 140, 142 et 146).

Ci-dessous : Un examen attentif aidera le vétérinaire à diagnostiquer un certain nombre de problèmes.

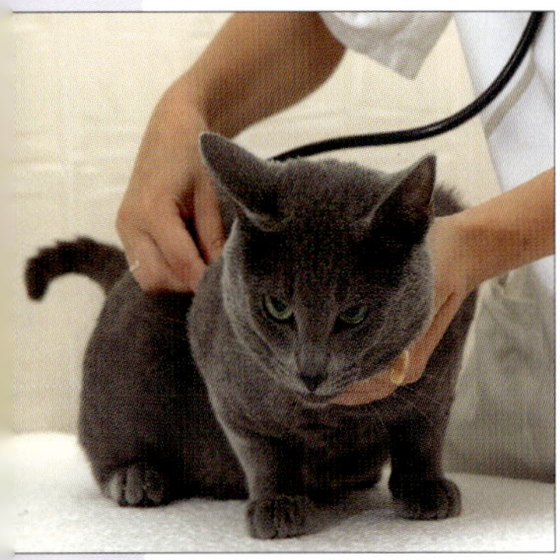

Péritonite infectieuse féline (PIF)

Cette maladie est provoquée par un coronavirus qui se transmet via le excréments et la salive. Bien que très infectieuse, elle peut ne jamais s déclarer chez les sujets porteurs. Les chats immunodéficitaires et/ou stressé sont les plus vulnérables ; les foyers multi-chats sont donc particulièreme concernés. La maladie peut toucher n'importe quel système corporel, et se symptômes ressemblent beaucoup à ceux d'autres maladies, ce qui rend diagnostic difficile. Chez certains sujets porteurs, on assiste à ur

accumulation de liquide dans les cavités de l'organisme. D'autres sont léthargiques, souffrent de vomissements ou de diarrhée ou présentent des symptômes neurologiques – comportement étrange ou cécité – dus à des lésions du cerveau et du système nerveux. À partir du moment où le chat présente les symptômes de cette maladie incurable, ***seul un traitement palliatif*** peut être administré, sous forme de stimulants de l'appétit ou d'anti-inflammatoires, selon les cas (voir aussi « Et si… ? » n°s 135, 146 et 147).

Anémie infectieuse féline

Cette maladie est due à une bactérie appelée *Hémobartonella*, dont deux espèces peuvent s'attaquer aux globules rouges et provoquer dépression, perte de poids, difficultés respiratoires, voire collapsus. Étant plus courante chez les mâles âgés, on suppose que la maladie se transmet par les bagarres, les morsures de puces et probablement de la mère au très jeune chaton. Les symptômes peuvent croître et décroître, et les chats les plus vulnérables peuvent être gravement atteints s'ils sont stressés ou souffrent d'immunodéficience due à d'autres maladies (FIV ou FeLV). En conséquence, il est important de procéder régulièrement à un traitement antipuces et de contrôler les problèmes d'agression au sein des groupes de félins.

Le traitement est à base d'antibiotiques et de corticostéroïdes, mais dans les cas d'anémie sévère, une transfusion sanguine peut s'avérer nécessaire (voir aussi « Et si… ? » n° 135).

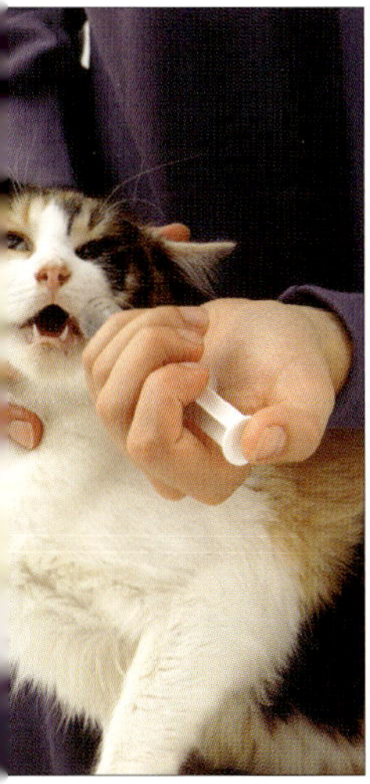

Ci-dessus : *Si vous avez du mal à faire prendre son traitement à votre chat, demandez une démonstration à votre vétérinaire.*

À droite : *En combinant vos renseignements avec ses propres observations, votre vétérinaire pourra établir un diagnostic provisoire. Puis, en s'appuyant sur les résultats de différentes analyses, il pourra conclure à un diagnostic définitif et trouver un traitement adapté.*

Toxoplasmose

Cette maladie, due au parasite *Toxoplasma gondii*, touche de nombreuses espèces à sang chaud, dont les félins. Mais bien qu'un grand nombre de chats soit infecté, il est rare qu'ils développent la maladie, car ils deviennent vite immunisés. Les symptômes varient du manque d'appétit à la détresse respiratoire, en passant par la léthargie, la diarrhée et la perte de poids.

Le traitement combine des antibiotiques et d'autres médicaments, et les chatons sont particulièrement vulnérables. La toxoplasmose a la particularité d'être ***une zoonose***, c'est-à-dire une malade transmissible des animaux à l'homme ; les femmes enceintes et les fœtus sont particulièrement vulnérables. Toutefois, il s'agit d'un parasite très courant, que l'on trouve dans les légumes contaminés et la viande mal cuite. Il est indispensable d'avoir une bonne hygiène, notamment dans les préparations culinaires, et de prendre des mesures de précaution quand on nettoie la litière du chat ou que l'on jardine dans un endroit où le chat défèque. Les femmes à risque ne doivent jamais s'adonner à ce genre d'activités, les autres doivent porter des gants de caoutchouc et les bacs à sable pour enfants doivent être couverts quand ils ne sont pas utilisés (voir aussi « Et si… ? » n° 142).

Et si mon chat n'aime pas aller chez le vétérinaire ?

Ci-dessus : *Un vétérinaire habile avec les chats saura rendre les visites moins stressantes !*

124

Rares sont ceux d'entre nous qui aiment se rendr chez le médecin ; certains animaux redoutent mêm l'expérience au point de devenir de plus en plu agressifs à mesure qu'ils comprennent que la consultation approche. Veille donc à réduire au maximum le stress de votre animal avant une visite.

Choisissez une cage de transport adaptée à la taille de votre chat ; n vous contentez jamais d'objets domestiques comme les sacs ou les caisse en carton, qui ne conviennent qu'aux chatons. En effet, si vous avez du mal maintenir le chat dans son sac ou son carton, ou si celui-ci se déchire, s'excitera bien avant que vous n'atteignez votre destination, et rendra l'exame clinique plus difficile et moins pertinent. Les résultats de certaines analyses, e outre, pourront être moins fiables que si le sujet est calme.

Que vous utilisiez une cage en plastique ou un panier en osier, assurez vous qu'il soit toujours visible, et éviter de le sortir uniquement le jour . Rendez-le attrayant afin que votre chat s'y installe de temps en temps et laisse une odeur rassurante. Les cages qui font également office de « lit (avec partie supérieure ou porte amovible) sont idéales. Placez une couvertur à l'intérieur et cachez quelques jouets et friandises que l'animal s'amusera découvrir. Ainsi, votre chat n'associera pas uniquement sa cage à de sentiments négatifs et sera moins stressé quand vous le transporterez. Vou pouvez également l'y enfermer de temps en temps « pour rien », vaporise l'intérieur avec un produit contenant des phéromones, ou frotter l'intérieur ave une couverture imprégnée de son odeur.

Quand vous sortez, couvrez la cage ou le panier d'une couverture l'odeur familière, ou vaporisée de phéromones : les chats, en effet, se calmer plus vite dans l'obscurité. Calez bien la cage et la couverture afin que votr chat ne glisse pas, et conduisez lentement pour minimiser le traumatisme d trajet.

À l'arrivée, si par hasard votre chat a vécu une expérience malheureus chez le vétérinaire, prévoyez de rester dans la voiture si vous devez attendre Le personnel de la clinique vous avertira quand le vétérinaire ou l'infirmièr seront prêts à vous recevoir.

Si vous attendez dans la salle d'attente :

- Choisissez un endroit calme s'il n'y pas une zone réservée aux chats.
- Laissez la couverture sur la cage ou le panier.
- Placez-le en position surélevée, par exemple sur une étagère, une chais ou un tabouret, afin qu'il garde son calme.
- Veillez à ne pas le laisser approcher par d'autres gens ou animaux, par de chiens, notamment.
- Parlez-lui doucement pour le rassurer, mais n'ouvrez pas son panier : risquerait de s'en échapper.

Lors de la consultation, expliquez les raisons de votre présence a vétérinaire afin de donner le temps à votre chat de s'adapter. Veillez à ce qu soit porté délicatement, et non extirpé, puis posez une deuxième couvertur sur la table d'examen afin qu'il y soit à l'aise mais ne sente pas le phéromones de stress qui imprègnent probablement la couverture dan laquelle il a voyagé. Inversez la procédure pour le trajet de retour.

…t si mon chat ne veut pas prendre ses …édicaments ?

125 Faire prendre un médicament à un chat est une tâche particulièrement ardue. Les fabricants proposent aujourd'hui des produits faciles à administrer : des comprimés à goût agréable, des flacons faciles à manipuler rendent la tâche beaucoup plus aisée et moins désagréable pour les animaux. Faites-vous prescrire des préparations « spécial chat » par votre vétérinaire, et demandez-lui de vous montrer comment administrer les pilules, appliquer les pommades ou mettre des gouttes dans les oreilles. Si vous savez comment faire, en effet, vous serez beaucoup plus à l'aise et obtiendrez davantage de coopération de la part de votre animal. Il peut aussi être utile d'associer la procédure à quelque chose d'agréable, comme lui proposer un aliment dont il est très friand juste après.

…t si mon chat est châtré ?

Ci-dessus : *Après avoir été châtrés, certains chats sont sensibles à l'endroit de la zone opérée. Demandez une collerette à votre vétérinaire afin que votre chat n'infecte pas sa plaie ou retire ses points de suture.*

126 La stérilisation se pratique sous anesthésie générale par des vétérinaires qualifiés. Les mâles sont castrés, tandis que les femelles subissent une ovario-hystérectomie.

Castration : on retire les deux testicules du scrotum en pratiquant une incision cutanée. Cette opération ne nécessite généralement pas de points de suture et cicatrise rapidement si le chat ne touche pas à la plaie. Chez certains sujets, il arrive qu'un ou deux testicules ne soient pas descendus dans le scrotum : le chirurgien devra donc les localiser au niveau de l'aine ou pratiquer une opération abdominale s'ils ne s'y trouvent pas. Il s'agit là d'interventions plus délicates mais qui guérissent généralement sans complication.

Avantages : la castration a deux fonctions essentielles. Elle empêche la reproduction et neutralise l'effet des hormones sexuelles, ce qui réduit l'agressivité du chat mature ainsi que l'odeur de son urine, souvent jugée insupportable. Le chat a également moins envie de vagabonder, de signaler sa présence par des jets d'urine et de se battre pour une femelle en chaleur. Ceci est important lorsque l'on sait que les mâles non châtrés sont plus vulnérables aux maladies transmissibles par morsures (FIV, par exemple), sont généralement plus impliqués dans les accidents de la route et davantage sujets à se perdre dans un territoire inconnu.

Ovario-hystérectomie : l'ablation des ovaires et de l'utérus se pratique par le biais d'une incision au flanc ou au milieu du ventre. Les chattes sont remarquablement résistantes et, grâce aux anesthésies et analgésiques modernes, se remettent en quelques jours. Toutefois, il leur faut parfois porter une collerette pour éviter qu'elles ne lèchent leurs points de suture et provoquent ainsi des infections ou des lésions.

Avantages : la stérilisation régule la reproduction et met votre chatte à l'abri d'une éventuelle pyométrie (infection de l'utérus) ou néoplasie (cancer) des ovaires et de l'utérus. En outre, n'ayant plus de chaleurs, la chatte n'attire plus les mâles. Une fois stérilisés, les mâles et les femelles ont tendance à prendre du poids et à devenir indolents si leur maître ne surveille pas leur alimentation et ne leur fait pas faire d'exercice physique.

Et si mon chat n'est pas châtré ?

127

La castration se pratique généralement avant ou juste après le début de la maturité sexuelle. La puberté du chat survient vers cinq ou six mois, selon la race et le sexe ; les chats de race sont parfois précoces et les mâles sont souvent matures plus tard que les femelles.

Les ***périodes de chaleurs*** des femelles, ou *œstrus*, se produisent selon un rythme saisonnier, établi en fonction de la durée du jour, de sorte que la plupart des petits naissent au printemps et en été. Hors « saison », les chattes repoussent les avances des mâles, mais on dénote un changement de comportement quand elles sont en chaleur. Elles affichent leur réceptivité et leur volonté de s'accoupler en urinant, en émettant des miaulements typiques, en devenant souvent plus affectueuses et en se roulant au sol comme si elles se tordaient de douleur avant d'adopter une posture d'accouplement : la « lordose ». Cette période dure environ cinq jours, à moins que la chatte ne soit saillie et que le mâle, en retirant son pénis hérissé de « piquants », provoque la libération et la fécondation d'un ovule.

Ci-dessus : *De courte durée, l'accouplement met fin aux miaulements de la femelle et à l'intérêt des mâles du voisinage.*

La ***période de gestation*** dure à peu près 63 jours, et la chatte met au monde jusqu'à six chatons. Les besoins nutritionnels de la mère augmentent pendant la grossesse, mais il faut veiller à ce qu'elle ne prenne pas trop de poids et reste active jusqu'au dernier moment. Consultez le vétérinaire dès que vous supposez que votre chatte est enceinte, afin qu'il vous donne tous les conseils nécessaires et vous aide à préparer la naissance des petits.

Il existe des moyens de contraception sous forme de comprimés ou d'injections, mais ils comportent certains risques, comme le développement de la ***pyométrie***. Cette accumulation de pus dans l'utérus se produit plus souvent chez les femelles non stérilisées, c'est pourquoi une hystérectomie (ablation chirurgicale de l'utérus) est fortement conseillée en guise de mesure préventive. C'est en effet le seul traitement existant contre cette maladie hormonale mortelle. Elle se traduit parfois par des écoulements vaginaux déplaisants, mais ce n'est pas toujours le cas et le diagnostic est alors plus difficile à établir.

Parmi les autres symptômes figurent :

- L'anorexie.
- L'augmentation de la soif.
- La dépression.
- Les vomissements.

Si vous remarquez un de ces symptômes chez votre chatte non stérilisée, ***emmenez-la immédiatement chez le vétérinaire***. Les pertes blanches ou jaunâtres qui se produisent parfois chez les chattes stérilisées indiquent ***une vaginite*** (inflammation et infection du vagin), qui, contrairement à la pyométrie, n'est pas une maladie fatale. Consultez rapidement votre vétérinaire.

Ci-dessus : *Emmenez votre chat chez le vétérinaire s'il change sa façon de boire.*

Et si mon chat refuse de manger ?

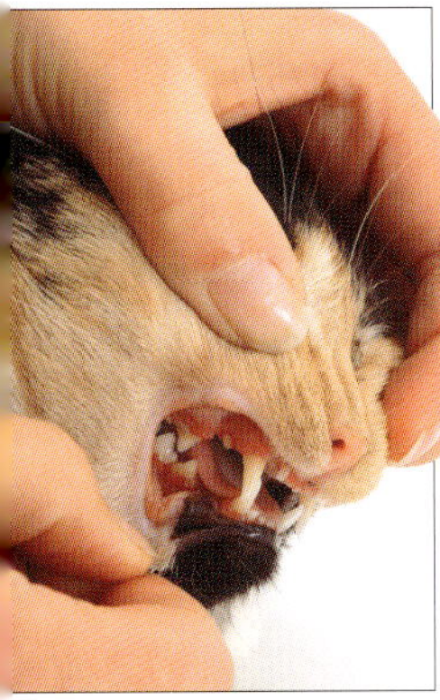

128 Si votre chat dédaigne sa nourriture, ne cédez pas à la panique mais ne prenez pas non plus le problème à la légère. Si l'anorexie est associée à d'autres symptômes cliniques, consultez sans tarder. Sinon, tâchez de savoir si votre chat a pu être stressé dans son environnement. Par exemple, y a-t-il eu des événements pénibles au sein de votre foyer, comme un cambriolage ou un deuil, des travaux, des proches restés dormir, l'arrivée d'un nouveau-né ou d'un autre animal, ou le départ d'un maître apprécié ? Si la réponse est « oui », efforcez-vous de créer un environnement rassurant, avec des horaires réguliers, pour aider votre animal à retrouver sa sérénité.

Toutefois, en l'absence d'un facteur de stress évident, une visite chez le vétérinaire pourra déterminer si le refus de manger est dû à de l'inappétence ou à une difficulté/incapacité à manger ou déglutir. Donnez à votre chat des aliments dont il est normalement friand, réchauffez sa nourriture pour la rendre plus appétissante et incitez-le à manger pour observer tout signe de gêne ou de difficulté. Si ces mesures ne font rien pour améliorer rapidement la situation, ou si votre chat paraît affaibli, notez le début du changement de comportement, ainsi que tout autre signe, et consultez un vétérinaire.

Et si mon chat crache dans sa pâtée, réagit comme s'il avait été piqué, se griffe la bouche ?

129 Ce comportement dénote généralement une gêne ou une douleur associées à la bouche, et plus particulièrement aux dents, aux gencives, à la langue ou à la gorge. Dans ce cas, enveloppez votre chat dans une serviette afin qu'il ne vous griffe pas, et examinez délicatement sa bouche. Prévoyez une pince à épiler, pour pouvoir retirer tout objet coincé (morceau d'os entre les dents, arête de poisson, voire brindille, brin d'herbe ou feuille s'il a mâchouillé des plantes). Sinon, vérifiez qu'il n'a pas une dent cassée ou branlante, une plaie, une inflammation des gencives (gingivite), un ulcère ou une infection, cause de mauvaise haleine (halitose). Si vous ne parvenez pas à résoudre le problème rapidement, ***consultez votre vétérinaire sans tarder***. Même s'il s'agit d'une dent que vous avez dû lui retirer, une visite chez le vétérinaire peut être utile pour prévenir tout risque de paradontopathie (maladie des gencives). En outre, votre chat aura peut-être besoin d'un traitement plus radical destiné à éliminer la plaque dentaire. De nombreuses maladies touchant les principaux organes – le cœur, le foie et les reins –, en effet, sont dues à des infections dentaires non détectées.

Prévention : quel que soit l'âge de votre animal, votre vétérinaire vous conseillera également sur les traitements à administrer chez vous pour prévenir les problèmes dentaires. Si possible, essayez de familiariser votre chat au brossage des dents dès qu'il est petit. S'il est déjà adulte et relativement docile, vous pouvez toujours tenter la procédure, en veillant à ne pas vous faire griffer ni à brosser accidentellement ses gencives. Il existe divers matériels – minibrosses à dents et pâtes dentifrice à goût agréable – conçus pour vous y aider, mais si la tâche se révèle impossible, envisagez de lui administrer un régime spécial (avec des aliments plus abrasifs que ses croquettes habituelles) ou des bâtons à mâcher destinés à éliminer le tartre (voir aussi « Et si… ? » n° 123 – grippe du chat, chlamydiose, FIV).

Et si mon chat bave ?

130 Il arrive que certains chats bavent de contentement. Si votre chat est en bonne santé et bave systématiquement quand il ronronne sur vos genoux, ne vous inquiétez pas ! En revanche, si sa salive est plus abondante que d'habitude, malodorante, épaisse ou mêlée de sang, si votre chat refuse de manger ou paraît mal en point, il peut avoir un problème de bouche ou de gorge. Il peut s'agir d'une lésion locale, par exemple une plaie infectée, ou une maladie systémique, comme la grippe du chat qui provoque des ulcères. En été, il peut avoir été piqué à la bouche par une abeille ou une guêpe, ce qui provoque souvent un gonflement externe.

Examinez-le au cas où il aurait besoin de soins d'urgence, puis contactez votre vétérinaire, qui pourra lui administrer des calmants ou un anesthésique général pour localiser et trouver la cause du problème, suivi d'un traitement antibiotique (voir aussi « Et si… ? » n° 123 – grippe du chat, chlamydiose, FIV).

Et si mon chat a du mal à avaler sa nourriture ?

Ci-dessous : Agissez rapidement si votre chat se met à baver de manière inhabituelle ou s'il a du mal à déglutir ou à fermer la bouche.

131 Haut-le-cœur et déglutition difficile, notamment quand le chat essaie d'avaler sa nourriture ou sa salive, trahissent généralement :

- Une gorge infectée avec gonflement et/ou ulcération des tissus, dont les ganglions lymphatiques.
- Un bout d'os coincé en travers du pharynx.
- Un brin d'herbe remontant dans la cavité nasale en s'enroulant autour de la voûte du palais.

Ce comportement peut aussi être dû à une infection des voies respiratoires supérieures, à un corps étranger (arêtes, aiguilles à coudre, échardes, barbes végétales…) qui peut pénétrer la peau et la muqueuse. Ces corps étrangers organiques sont particulièrement problématiques car une fois logés dans les tissus, ils n'apparaissent pas aux rayons X (contrairement aux objets métalliques) et peuvent être difficiles à localiser et à retirer. En outre, les vaisseaux sanguins et nerfs situés dans la région de la tête et du cou sont vulnérables aux éventuelles infections provoquées par des corps étrangers ; ***consultez sans tarder si votre chat présente ce type de problème***. Si l'on pratique des travaux d'aiguille dans votre foyer, veillez à ce que les épingles, aiguilles et autres objets brillants et pointus soient hors de portée de votre chat. La curiosité peut en effet être fatale aux chats qui sont attirés par le fil ou la laine fixés à une aiguille, jouent avec et avalent le tout ! Certains chats parviennent à se débarrasser d'une aiguille avalée, mais l'animal court toujours le risque qu'elle se coince et qu'elle provoque des dommages qui nécessitent une opération chirurgicale.

En fait, toutes sortes d'objets domestiques peuvent poser problème. Quand un chat s'ennuie, à défaut de jouets « légitimes », il cherche à s'amuser ou à exercer son comportement de prédateur avec des objets non appropriés. Les maîtres doivent donc toujours fournir des opportunités de jeux à leurs chats, tout en gardant les objets potentiellement dangereux hors de leur portée (voir aussi « Et si… ? » n° 123 – grippe du chat, chlamydiose –, et n°s 139, 140 et 148).

Et si mon chat éternue ou a les yeux et le nez qui coulent ?

132 Que votre chat soit mal en point ou non, qu'il ait beaucoup ou peu d'appétit, qu'il tousse ou non, ces symptômes ne doivent pas être négligés, ni le contexte dans lequel ils apparaissent. Si votre chat vous a « aidé » à nettoyer un endroit poussiéreux ou si la densité pollinique est importante, il souffre peut-être simplement d'une irritation des yeux et des muqueuses des voies respiratoires supérieures ou d'un léger rhume des foins.

Toutefois, s'il est affaibli, si les écoulements sont jaunâtres, si ses paupières sont enflées, si l'un ou les deux yeux sont fermés ou s'il tousse, ***emmenez-le tout de suite chez le vétérinaire***. Un traitement antibiotique peut être parfois nécessaire pour certaines complications bactériennes. Enfin, s'il a contracté une maladie plus grave, plus tôt elle sera traitée, plus il aura de chances de s'en sortir sans séquelles (voir « Et si… ? » n° 123 – grippe du chat, chlamydiose).

Et si mon chat a un œil fermé et enflé ?

133 ***Ne prenez jamais de risque avec les yeux : ils sont précieux !*** Si vous ne voyez pas distinctement l'œil de votre chat car il est enflé, consultez tout de suite votre vétérinaire. Les blessures faciales sont courantes après une bagarre et peuvent entraîner de douloureux abcès. Ceux-ci peuvent endommager les tissus et favoriser les infections systémiques. Ils doivent être traités par ponction, drainage et nettoyage sous sédatifs, et l'on prescrit généralement des antibiotiques, même si l'abcès éclate naturellement.

Les autres causes possibles d'un œil gonflé peuvent être la présence de corps étrangers, une herbe coupante coincée sous la paupière, par exemple, ou une blessure au globe oculaire. La cornée (couche transparente de l'œil) est vulnérable et peut s'infecter rapidement. Nettoyez délicatement l'œil de votre chat à l'eau tiède en attendant de l'emmener chez le vétérinaire, ***et surtout ne tardez pas à consulter*** (voir aussi « Et si… ? » n° 123).

À gauche : *Les vétérinaires utilisent souvent de la fluorescéine pour détecter les ulcères de la cornée et déterminer leur gravité.*

Et si mon chat a l'œil rouge ?

134

Les yeux des chats sont sensibles aux chocs, dus notamment aux chutes, bagarres et accidents de la route ; ils peuvent parfois prendre l'apparence d'un « œil au beurre noir » et s'accompagner d'autres signes (griffes éraflées boiterie ou blessures plus graves nécessitant l'intervention d'un vétérinaire).

Toutefois, si l'œil de votre chat se remplit de sang, c'est qu'il souffre d'une hémorragie intraoculaire, ***à traiter de toute urgence***. Ce trouble peut indiquer un état d'hypertension grave, qui peut entraîner un décollement rétinien ou la cécité. Les chats âgés sont particulièrement vulnérables et doivent être examinés régulièrement. ***La détection précoce est hautement souhaitable*** car elle permet de procéder à des actions préventives (voir aussi « Et si... ? » n° 156).

Et si mon chat tousse ou respire difficilement ?

135

Il arrive que les chats toussent brièvement lorsque quelque chose leur irrite la gorge, mais si votre animal émet une toux plus sérieuse, faites-le examiner par votre vétérinaire.

Consultez de toute urgence s'il souffre d'une gêne respiratoire sévère (dyspnée) avec halètements, mouvements rapides de l'abdomen, allongement du cou et décoloration ou bleuissement des gencives. Dans ce cas :

- Appelez votre vétérinaire pour qu'il vous attende avec de l'oxygène.
- Vérifiez qu'il n'y pas d'obstruction visible dans la gorge ou le nez de votre chat, et manipulez-le aussi peu que possible.
- Mettez-le dans une pièce calme, sombre et bien aérée, et éloignez-le de tout autre animal ou personne.
- Transportez-le aussi doucement que l'urgence de la situation le permet.
  - Notez le début de la crise et tout fait pertinent qui pourrait aider au diagnostic, notamment où se trouvait votre chat quand le problème a commencé. Une fois stabilisé, l'animal pourra subir toutes sortes d'examens (analyses de sang, radio et échographie) pour diagnostiquer le problème de fond, qui peut être provoqué par divers syndromes respiratoires et cardio-vasculaires, notamment au niveau des poumons et du cœur. Parmi ceux-ci figurent :
  - Des complications associées à la grippe du chat, comme la pneumonie.
  - La pleurésie : une infection de la plèvre (membrane enveloppant le poumon), accompagnée d'épanchement.
  - L'asthme.
  - Des tumeurs.
- Des corps étrangers.
- Des événements traumatiques, comme un accident de la route ou une chute, qui peut parfois provoquer une rupture du diaphragme, un hémothorax (épanchement de sang dans la cavité pleurale) ou un pneumothorax (épanchement gazeux). Voir aussi « Et si... ? » n°s 114, 117, 120, 135, 147, 155 et 156.

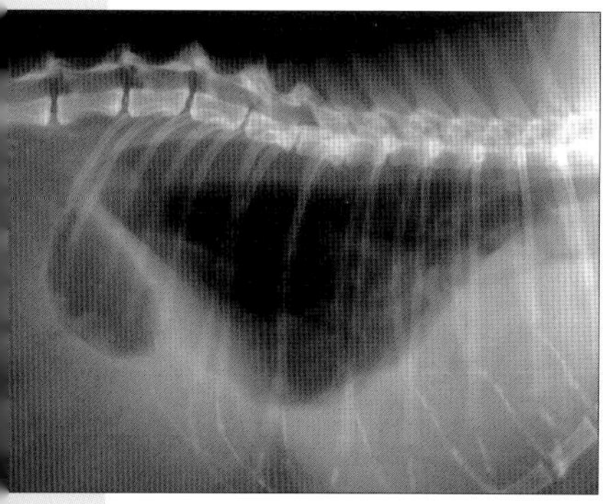

Ci-dessus : *Analyses de sang et radios servent souvent à diagnostiquer les problèmes cardiaques et pulmonaires*

t si mon chat a les oreilles sales et alodorantes ?

136

Les oreilles des félins sont généralement propres et sans odeur désagréable. Si votre chat :

- présente un excès de cérumen (dépôts gras ou croûteux brun noirâtre),
- se gratte les oreilles,
- penche la tête d'un côté,
- a les oreilles malodorantes avec écoulement purulent…

… il souffre probablement d'une otite externe.

- La présence de mites, petits parasites qui irritent la peau du conduit auriculaire et provoquent une inflammation, peut aussi être une cause possible, ainsi que diverses infections bactériennes et fongiques.

Contentez-vous de nettoyer les éventuels dépôts ou écoulements avec un mouchoir en papier. Prenez rendez-vous chez votre vétérinaire, qui examinera votre chat, diagnostiquera le problème et lui prescrira un traitement approprié. Demandez-lui de vous montrer comment administrer les gouttes *(à gauche)* si vous ne savez pas comment procéder (voir aussi « Et si… ? » n° 137).

t si mon chat a une oreille enflée ?

137

Les tissus du pavillon, la partie externe de l'oreille, peuvent enfler si une guêpe ou une abeille a piqué votre chat. Si toute l'oreille est enflée, il peut souffrir d'un abcès ou d'un hématome, provoqué par la rupture d'un vaisseau sanguin. À défaut de traitement, le sang se coagule et fait se friper l'oreille, dite « en chou-fleur ». L'intervention du vétérinaire est bien sûr requise, mais vous pouvez lui faciliter la tâche en localisant et en nettoyant toute blessure de bagarre, ou en appliquant une compresse fraîche sur la piqûre d'insecte.

Les chats dotés d'oreilles blanches, notamment dans les pays chauds, sont vulnérables à un cancer de la peau, le carcinome malpighien, qui commence souvent sous forme de croûtes sur les bords du pavillon. S'il n'est pas traité, le problème peut entraîner des irritations et des saignements. Si votre chat fait partie de la catégorie « à risques », appliquez de l'écran total sur ses oreilles lorsqu'il s'expose au soleil, et consultez immédiatement votre vétérinaire si vous remarquez tout changement suspect (voir aussi « Et si… ? » n° 106).

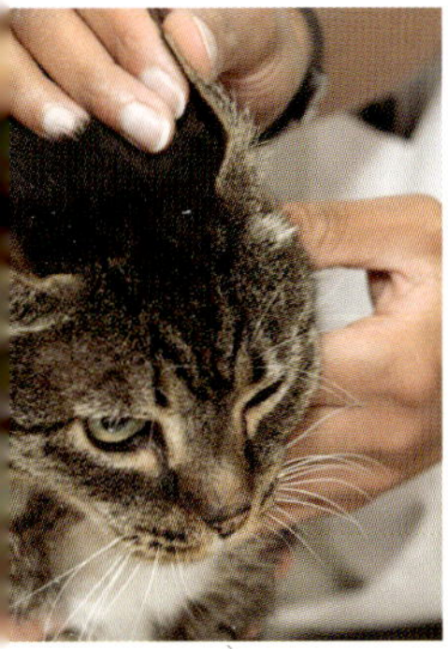

Ci-dessus : *Examinez régulièrement les oreilles de votre chat afin de détecter à temps d'éventuels problèmes.*

Et si mon chat a la tête enflée ?

138

Divers problèmes – internes ou externes – peuvent provoquer des gonflements dans la zone faciale. Il peut s'agir :

- De tiques.
- De morsures qui se seraient infectées.
- De piqûres d'insectes.
- D'un abcès à la racine de la dent.
- De tumeurs de la peau ou des tissus, dont les os de la face.

Pour cette raison, il est important d'examiner régulièrement votre chat afin de déceler à temps tout changement suspect, et de ***consulter votre vétérinaire au plus vite*** si c'est le cas (voir aussi « Et si… ? » n°s 62, 63, 128, 129, 130 et 131).

Et si mon chat mange de l'herbe ou des plantes ?

139

Bon nombre de chats consomment régulièrement de l'herbe, qui leur apporte des fibres, d'autant plus s'ils sont nauséeux ou mal en point. Il n'y a pas d'inquiétude à avoir, à moins que votre chat ne présente des symptômes de maladie. Notez-les s'il y a lieu et consultez votre vétérinaire.

Quelques animaux domestiques, toutefois, et surtout ceux qui ne sortent jamais de chez eux, peuvent se mettre en danger s'ils consomment certaines feuilles de plantes ou de fleurs, dont beaucoup sont toxiques. Voici la liste des plus courantes :

- Lys
- Amaryllis
- Chrysanthème
- Cyclamen
- Fougères
- Houx
- Poinsettia
- Lierre
- Cytise

Voir aussi « Et si… ? » n°s 34, 95, 130, 131, 135, 142 et 155).

Ci-dessus : *Certaines associations pour la protection des félins donnent sur leur site internet la liste des plantes toxiques pour le chat ; consultez-la avant d'introduire des plantes potentiellement dangereuses chez vous.*

À droite : *Les jeunes chats sont très curieux. Faites particulièrement attention : veillez à ce que l'animal ait suffisamment de distractions, et évitez d'introduire des plantes toxiques dans votre intérieur ou votre jardin, elles pourraient nuire à la santé de votre compagnon.*

Et si mon chat vomit ?

***Ci-dessus :** Les maîtres ont un rôle important à jouer dans l'entretien du pelage de leur chat.*

140 Les chats peuvent régurgiter leur nourriture et vomir pour différentes raisons : excès d'herbe, mauvaise digestion ou besoin de régurgiter une « boule de poils » ingérée au cours de leur toilette. Les allergies, infections, corps étrangers, substances toxiques, ulcération gastrique, tumeurs et autres maladies des principaux organes, comme le foie, peuvent aussi provoquer des vomissements.

Notez tout autre symptôme et comportement inhabituel, le temps écoulé entre son dernier repas et ses vomissements, tout problème de déglutition et s'il parvient à garder l'eau qu'il boit. Si, à part cela, votre chat va bien, appelez votre vétérinaire afin qu'il vous donne des conseils sur la façon de traiter le problème (repas légers et observation, par exemple). En revanche, s'il est déprimé, s'il a la diarrhée ou refuse de manger, prenez rendez-vous sans tarder.

Entretenez soigneusement le pelage de votre chat, notamment s'il a le poil long ou s'il a du mal à l'entretenir lui-même. Même les chats à poils courts peuvent avoir besoin d'être brossés, notamment quand il fait très chaud (voir aussi « Et si… ? » nos 123, 127 – pyométrie –, 130, 131, 142, 147, 148, 149, 151, 155 et 156).

Et si mon chat se frotte l'arrière-train par terre ?

141 Le poil arrière des chats peut parfois s'emmêler et provoquer une gêne qui les force à se frotter l'arrière-train par terre. En conséquence, et surtout si votre chat a le poil long, il est important de veiller à ce que ses pattes arrière soient bien entretenues et dépourvues de toute matière fécale sèche ou de lésions, qui pourraient attirer les mouches par temps chaud. Déposés autour de la zone anale d'un chat, les asticots issus des œufs de mouche peuvent se loger dans la peau ou les tissus et provoquer ***de graves affections, que l'on peut aisément éviter en faisant attention***.

Ce comportement peut avoir d'autres causes :

Parasites internes : voir « Et si… ? » n° 142.

Glandes anales engorgées : les chats ont deux petits sacs anaux de part et d'autre de l'anus. Les sécrétions de phéromones qu'ils produisent sont libérées par des conduits qui peuvent s'engorger et provoquer une gêne. Votre vétérinaire résoudra le problème manuellement par pression, mais il arrive que les glandes s'infectent et entraînent douleur et gonflement. Un traitement antibiotique devrait venir à bout du problème.

Abcès dus à des bagarres : ceux-ci se forment quand les canines d'un adversaire provoquent une lésion qui suppure ; examinez soigneusement son arrière-train pour y détecter d'éventuelles traces de bagarre. Nettoyez les petites plaies à l'eau chaude, mais demandez conseil à votre vétérinaire si vous découvrez un problème plus important ou si votre chat ne se sent pas bien.

Et si mon chat a la diarrhée ?

142 Ce n'est que par l'observation des selles que l'o peut s'en rendre compte. Ainsi, si votre chat n présente aucun autre symptôme, gardez-le l'intérieur avec un bac à litière afin de vérifier l'aspect de ses excréments. S vous remarquez quelque chose d'anormal, prenez un échantillon avec vous a moment de rendre visite à votre vétérinaire.

En général, la diarrhée se traduit par une émission plus fréquente de selles, qui sont liquides et dégagent parfois une odeur anormale. À part cela les chats paraissent en forme et ne laissent paraître leur état que lorsqu'il frottent leur arrière-train par terre, perdent visiblement du poids et/ou laisser voir leur troisième paupière, qui remonte devant l'œil à partir du coin intern (voir aussi « Et si… ? » nos 119, 121, 122, 141, 143 et 148).

La diarrhée peut avoir plusieurs causes :

- **Régime alimentaire inadapté :** par exemple du lait chez le chat adulte
- **Allergie alimentaire.**
- **Infections bactériennes et virales.**
- **Infestation parasitaire** – vers, toxoplasme, *giardia* (parasite unicellulair souvent associé au manque d'hygiène, qui se transmet entre chats par le selles infectées).
- **Tumeurs.**
- **Ingestion de corps étrangers ou invagination** (problème intestina dans lequel une partie de l'intestin pénètre dans la partie suivante).
- **Réaction aux médicaments.**
- **Maladie endocrinienne,** comme l'hyperthyroïdisme.

Ci-dessus : *Si la troisième paupière de votre chat est soudain visible, il se peut qu'il ait des problèmes digestifs.*

Parasites internes les plus courants :

- **Ver rond** – parfois visible dans les selles ou lorsque le chat vomit.
- **Ver plat** – apparaît sous forme de petits segments dans les selles, autour de l'anus de votre chat ou sous forme de « grains de riz ».
- **Ver du poumon** – provoque parfois la toux.
- **Trichocéphale, ankylostome et ver du cœur** – sont limités à certaines zones géographiques. Si votre région est infectée, ou si vous prévoyez de déménager ou de voyager avec votre chat, demandez un traitement préventif à votre vétérinaire.

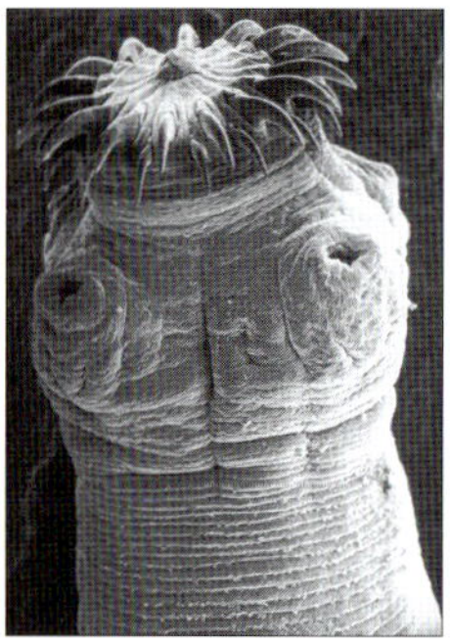

Ci-dessus : *Le ténia, ce ver plat utilise ses ventouses pour s'accrocher au chat-hôte.*

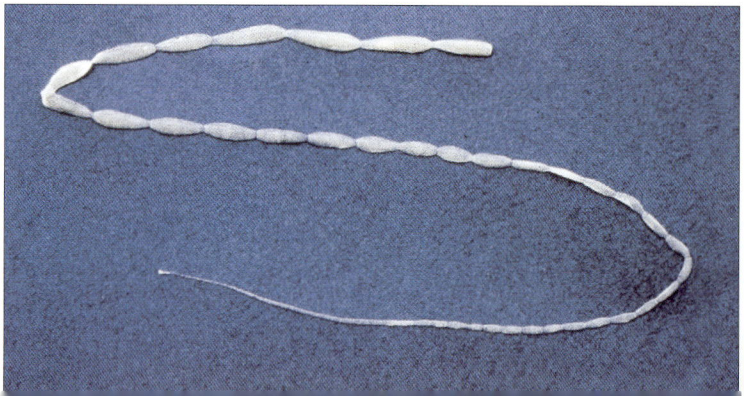

À droite : *Ver plat* Dipylidium caninum. *Votre vétérinaire pourra vous conseiller un vermifuge.*

Et si mon chat perd du sang et/ou du mucus dans ses selles ?

143 Le mucus peut prendre l'aspect d'un dépôt visqueux ou d'une peau recouvrant les selles, parfois liquides, et indique généralement un problème associé au gros intestin (côlon). Sensibilités alimentaires, parasites, infections et stress sont des causes possibles, et il vous faudra demander conseil à votre vétérinaire, ainsi qu'à un comportementaliste, si le bien-être de votre chat est en cause (voir aussi « Et si… ? » n°s 25 et 142).

Et si mon chat est constipé ?

144 Le problème est plus facile à détecter chez les chats d'appartement, où l'absence d'excrément dans le bac à litière est révélatrice. On peut aussi noter une plus grande difficulté à déféquer.

La constipation peut survenir chez les chats âgés, à la suite d'une opération ou d'un accident ayant provoqué des blessures du bassin, ou si le chat a mangé des os et des plumes ou ingéré des poils en trop grosse quantité. Ce dernier cas souligne l'importance de brosser votre chat, surtout quand il perd ses poils. Évitez bien sûr les aliments crus et empêchez-le si possible de chasser. Il existe de nombreux laxatifs dans le commerce, mais demandez conseil à votre vétérinaire avant de lui administrer quoi que ce soit. Ces produits ne sont pas forcément adaptés à votre chat, et s'il a besoin d'un lavement, seul un vétérinaire pourra le lui administrer. En outre, si le problème se représente, il faudra peut-être augmenter la teneur en fibres de son alimentation ou lui donner un émollient fécal.

Attention : si votre chat mâle semble déféquer avec difficulté, il n'est pas nécessairement constipé, mais souffre peut-être d'une obstruction urétrale. L'urètre, par lequel s'écoule l'urine de la vessie, est étroit et forme un coude. Cette particularité anatomique favorise les blocages dus aux cristaux et aux bouchons de mucus qui s'accumulent parfois dans la vessie. Le comportement d'un mâle affligé de ce problème est tout à fait semblable à celui d'un chat constipé : grattage, efforts pour déféquer, reniflements et léchage de l'arrière-train, du ventre et du pénis, qui peut s'en trouver meurtri et douloureux.

Il s'agit d'une situation d'urgence qui requiert l'intervention immédiate du vétérinaire. Celui-ci désobstruera l'urètre à l'aide d'un cathéter, sous anesthésie locale ou générale, puis procédera à un examen. Le traitement à long terme pourra reposer sur des régimes alimentaires adaptés, à moins que l'on pratique une incision de la paroi de l'urètre (urétrotomie). Cette opération crée un pontage permanent, rendant l'anatomie du mâle similaire à celle de la femelle, dont l'urètre est plus court et plus droit (voir aussi « Et si… ? » n°s 139, 140, 147, 149 et 151).

Ci-dessous : *Si votre chat se lèche l'arrière-train de manière excessive, c'est peut-être que son poil est emmêlé. Si vous suspectez un problème plus grave, consultez rapidement votre vétérinaire.*

Et si mon chat mange plus que d'habitude ?

145 Offrez-lui toujours une alimentation équilibrée, adapté à son âge. Les chatons et les sujets âgés ont de besoins spécifiques, et il existe aujourd'hui toute sortes de mélanges conçus pour aider à traiter certaines maladies félines N'oubliez pas que les chats sont carnivores : ils doivent manger de la viande e ne peuvent devenir végétariens. Sinon, le manque de taurine, un acide amin essentiel uniquement présent dans la chair animale, provoque la cécité. Veille également à ce que votre chat ne se prenne pas de passion pour certain aliments, comme le foie, très riche en vitamine A, qui pourrait entraîner un arthrite paralysante. Naturellement, si votre chat est plus actif qu d'habitude, son appétit augmentera. Attention toutefois à l'obésité devenue un problème majeur et reflétant un mode de vie plu sédentaire, une meilleure nutrition et l'abus des maîtres, qui, tro souvent, montrent leur affection par la nourriture. L'approche ser donc aussi bien comportementale que médicale et reposera su des apports caloriques mesurés, une activité physique plu intense basée sur le jeu, et l'encouragement à chercher s nourriture plutôt que l'obtenir sans effort. N'oubliez pas qu votre chat peut prendre du poids après avoir été châtré e quand il vieillit : pesez-le régulièrement et demandez conseil votre vétérinaire s'il grossit trop.

Toutefois, plusieurs facteurs, qui touchent généralement le chats âgés, peuvent accroître l'appétit et la soif, et leur fair prendre du poids. Si vous remarquez quelque chose de suspect, consulte votre vétérinaire. Des analyses de selles, d'urine et de sang seront nécessaire pour déterminer s'il s'agit d'un des problèmes suivants :

- Parasites intestinaux
- Autres causes de diarrhée
- Maladie des reins
- Maladie du foie
- Diabète sucré
- Hyperthyroïdisme
- Tumeurs

(Voir aussi « Et si… ? » nos 43, 123, 127, 142, 146 et 156.)

Et si mon chat boit et/ou urine plus que d'habitude ?

146 Les conditions décrites dans « Et si… ? » n° 145 peuvent provoquer une augmentation de la soif, et donc de la production d'urine, qui peut être le premier signe d'un problème de santé. Si votre chat se met à boire plus, en particulier s'il est âgé, surveillez sa consommation d'eau et son comportement et emmenez-le chez le vétérinaire (voir aussi « Et si… ? » n° 21).

À droite : *Certains chats boivent régulièrement aux robinets qui fuient, mais si c'est inhabituel, cela peut cacher un problème.*

…t si mon chat semble attendre des petits alors qu'il s'agit d'un mâle ou …'une femelle stérilisée ?

A droite : *Ne sous-estimez jamais les changements de silhouette de votre compagnon. S'il grossit, consultez votre vétérinaire avant de réduire sa nourriture et d'augmenter son exercice physique.*

147 Diverses causes peuvent entraîner un changement de forme de l'abdomen du chat. ***Ne les négligez jamais,*** notamment si cela s'accompagne d'autres symptômes suspects. Il se peut que votre chat ait le ventre gonflé parce qu'il a trop mangé et que des gaz se sont accumulés en cours de digestion. Cependant, l'ascite (accumulation de liquide dans l'abdomen) peut être la conséquence d'une maladie grave touchant le système cardio-vasculaire ou le foie, par exemple. En outre, les ganglions associés aux intestins sont particulièrement sujets au développement de tumeurs chez les vieux chats, notamment ceux souffrant de FeLV. Ainsi, si votre chat a le ventre gonflé, surveillez tout autre signe suspect, comme l'augmentation ou la réduction de l'appétit et de la soif, l'abattement ou des difficultés respiratoires, et faites-le examiner. Votre chat pourra subir des analyses de sang et d'urine, des radios ou une échographie pour que l'on puisse diagnostiquer le problème (voir aussi « Et si... ? » nos 123, 140, 142 et 156).

…t si mon chat mange de la …aine, du tissu, …e le béton ou le plastique ?

148 L'ingestion de corps étrangers souples peut entraîner l'ulcération, l'occlusion ou l'invagination du tube intestinal. ***Ces trois éventualités sont toutes aussi dangereuses et nécessitent une opération chirurgicale*** qui peut s'avérer compliquée. Là encore, « mieux vaut prévenir que guérir » ; ainsi, et tout particulièrement si votre chat fait partie des sujets à risque en matière de troubles compulsifs associés à l'ingestion de laine ou de tissu, surveillez votre environnement et tachez de contrer ses motivations.

Le pica est une perversion du comportement alimentaire qui peut conduire les chats à lécher le béton ou les pierres, par exemple. Ce trouble peut être associé à des déséquilibres métaboliques issus de maladies en cours de développement, et exige donc une visite chez le vétérinaire, particulièrement si votre chat est âgé (voir aussi « Et si... ? » nos 33, 50, 145 et 156).

À gauche : *Les chats sont curieux de tout ce qui est nouveau dans leur environnement. Mais si votre chat se met à lécher ou à mâchonner des objets ou des tissus qui peuvent être dangereux, essayez de comprendre pourquoi il le fait, pour mieux y remédier.*

Et si mon chat se gratte et/ou se lèche plus que d'habitude ?

149 Examinez régulièrement le pelage de votre chat et aidez le à le maintenir bien soigné, surtout s'il a de longs poils s'il est âgé ou arthritique. Vous serez ainsi à même d déterminer si sa fourrure est normale et pourrez déceler tout signe de :

- Perte de poils – sur tout le corps ou sur une petite partie seulement
- Rougeur
- Lésions
- Croûtes
- Plaies
- Écoulement (pus, etc.)
- Saignement
- Grosseurs – elles peuvent toucher toutes les épaisseurs de la peau e toutes les parties du corps, être superficielles, molles et de contour régulie ou bien plus dures et plus problématiques. Il peut s'agir de tiques, d plomb d'une carabine à air comprimé, d'abcès, de kystes bénins, de corp étrangers ou encore de tumeurs cancéreuses.
  Vous pouvez vous-même traiter les problèmes mineurs. Par exemple, le boules de poils feutrés peuvent être éliminées à l'aide de ciseaux à bou rond, après avoir placé un peigne à la base du poil pour éviter tout blessure accidentelle. Ensuite, démêlez doucement la base des poil emmêlés. Les petites plaies pourront être nettoyées avec une solutio saline tiède. Évitez d'appliquer de la pommade à votre chat et essayez d l'empêcher de lécher les zones sensibles. Consultez votre vétérinaire pou obtenir un traitement approprié.

Parasites externes : les insectes qui vivent sur ou dans les couche superficielles de la peau et se nourrissent du sang des animaux hôtes sor l'une des causes les plus fréquentes d'un léchage excessif.

Ci-dessus : *La puce du chat est l'hôte intermédiaire du ver plat* Dipylidium caninum.

Principaux parasites externes

Puces

Les puces adultes sont visibles à l'œil nu et se présentent sous la forme de petites bestioles qui sautent lorsque vous écartez le poil de votre chat. Certains animaux (comme les humains) développent de fortes allergies aux puces et peuvent s'infliger des lésions dues à l'irritation qu'elles génèrent.

Il est donc important de lutter régulièrement contre ces parasites. Il existe divers produits dans le commerce, dont certains combinent l'éradication des parasites internes (vers intestinaux) et externes, et traitent les infestations d'œufs de puce. Voici les principaux produits antiparasitaires :

- Colliers antipuces.
- Sprays.
- Poudres.
- Shampooings.
- Applicateurs.

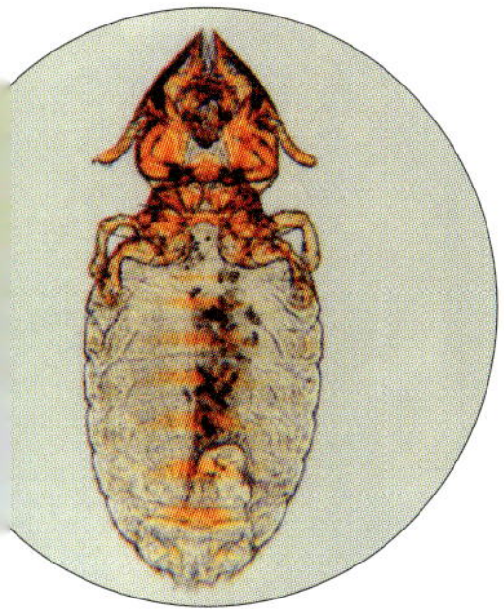

Ci-dessus : *Les chats souffrent de prurit lorsque une infestation de poux les démange.*

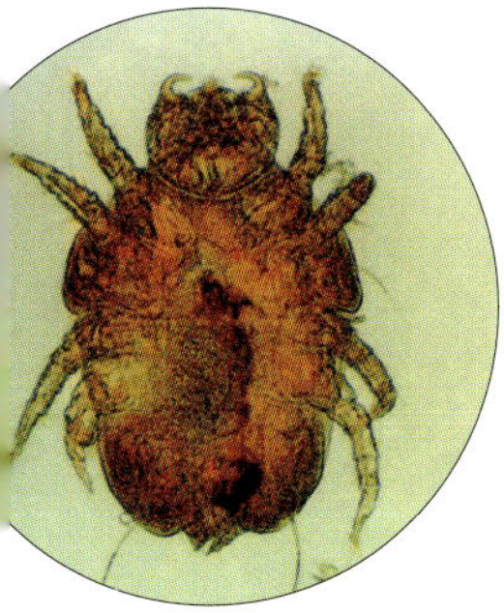

Ci-dessus : *Les mites* Cheyletiella *peuvent aussi provoquer des éruptions cutanées chez l'homme.*

Ci-dessus : *La teigne n'est pas toujours visible. Si votre chat a été en contact avec un animal infecté, consultez votre vétérinaire.*

- Les préparations proposées par les vétérinaires sont généralement plus efficaces que les versions vendues dans les animaleries. Et si votre chat est infesté, il vous faudra également veiller à éliminer les œufs, larves et pupes qui peuvent se trouver chez vous. Renseignez-vous sur la meilleure stratégie à adopter pour résoudre ce problème de manière efficace et prévenir de nouvelles infestations.

Poux

Les poux sont rares chez les chats, mais lorsque cela se produit, ils vivent tout leur cycle sur l'animal et fixent leurs œufs (lentes) sur les poils. Bien que très petits, adultes et lentes sont visibles à l'œil nu. Demandez conseil à votre vétérinaire pour vous en débarrasser.

Tiques

Ces insectes, dont la couleur varie du fauve au gris ardoise, s'accrochent à la peau avec leurs mandibules. Très petites au début, elles grossissent à mesure qu'elles se gorgent du sang de l'animal. Elles finissent par tomber et attendre la prochaine saison, mais peuvent provoquer une inflammation locale non négligeable.

Une tique logée sur le corps d'un chat peut être facilement confondue avec du chewing-gum ou une verrue ; les tiques se trouvent parfois en grand nombre, notamment sur la face ou les pattes.

N'essayez pas de les retirer vous-même, sauf si vous savez exactement comment vous y prendre, car il est facile de laisser la tête de l'insecte à l'intérieur de la peau, ce qui peut entraîner une infection locale. En outre, les tiques sont parfois porteuses de maladies transmissibles par le sang, comme la maladie de Lyme.

Certains produits antipuces sont également efficaces contre les tiques, et votre vétérinaire saura si celles-ci sont courantes dans votre région.

Mites

Ces insectes microscopiques peuvent vivre à la surface de la peau ou dans les follicules des poils. Elles provoquent des pellicules et du prurit.

Les vétérinaires examinent au microscope des échantillons de poils et de peau pour déterminer l'espèce impliquée avant de prescrire un traitement adéquat.

Teigne

Il s'agit d'une maladie fongique, provoquant des lésions circulaires essentiellement sur la face, la tête et les pattes avant des jeunes chats. Mais elle peut être asymptomatique (sans symptôme) et ne provoque pas toujours d'irritation. Elle se transmet très facilement d'un animal à l'autre, ainsi que de l'animal à l'homme, et peut s'avérer difficile à éradiquer lorsque les spores ont contaminé l'environnement : ***consultez sans tarder*** si vous avez le moindre doute. Traitements oraux, bains, shampooings et pommades vous seront proposés, outre la coupe des poils.

(Voir aussi « Et si… ? » n° 58 et 122.)

Et si mon chat se lèche trop le ventre ?

150

Votre vétérinaire devra vérifier s'il est infesté de parasite externes, s'il présente d'autres problèmes de peau o s'il est atteint d'une infection urinaire basse (cystite). U toilettage excessif de la partie ventrale est souvent le seul signe de cette maladi complexe et encore mal comprise. Elle peut être due à une infection, des calcu ou une tumeur dans la vessie et nécessite un examen médical suivi d'u traitement. Toutefois, de nombreux cas relèvent de la cystite idiopathique félin (CIF), dont la cause est inconnue, bien qu'il existe un rapport certain entre ce état et le stress. Les chats anxieux, les membres d'un foyer où vivent plusieur chats, ceux vivant en appartement sont particulièrement vulnérables, ainsi qu les chats sédentaires, en surpoids et d'âge moyen. Là encore, la solution résid dans l'action conjointe d'une intervention vétérinaire et d'un approche comportementale (voir aussi « Et si… ? » nos 58 et 151).

Et si mon chat a du mal à uriner ?

151

Consultez le vétérinaire si votre chat, mâle ou femelle présente une difficulté ou une incapacité à uriner. ***Dan le cas d'un mâle, cependant, il y a urgence car seu un praticien pourra faire la différence entre une simple cystite et un obstruction urétrale*** (voir aussi « Et si… ? » nos 21, 144 et 150).

Et si mon chat boite ?

152

La boiterie peut avoir diverses causes et degrés d gravité. Claquages musculaires, entorses ou fracture peuvent être contractés lors d'un accident ; les chat sont également sujets aux infections qui font suite à des morsures, au réactions inflammatoires des articulations et aux affections articulaire dégénératives comme l'arthrite.

La manifestation peut être soudaine – à la suite d'une chute ou d'u accident de la circulation, par exemple, et s'accompagner de gonflements douleurs et inflammations, pouvant provoquer une démarche anormale chancelante ou progressive.

Si votre chat semble souffrir, être en état de choc ou victime de blessures ***consultez de toute urgence***. Sinon, examinez-le attentivement pour voir s' s'agit d'un problème relativement mineur, telle une petite plaie qu'il vous suffir de nettoyer.

Vérifiez les griffes de votre chat : chez les sujets âgés ou handicapés elles peuvent, de par leur longueur anormale, s'avérer dangereuses. Le tissus adjacents peuvent s'enflammer, s'infecter et devenir douloureux.

Ce problème touche également les chats polydactyles (avec un nombr d'orteils supérieur à la normale) qui possèdent une ou deux griffe supplémentaires à l'intérieur de leurs pattes, généralement celles de devan mais parfois sur les quatre. Comme elles ne s'usent pas, ces griffes peuver devenir très longues et risquent de s'incarner. Si votre chat fait partie de cett catégorie à risque, demandez à votre vétérinaire de vous montrer comment lu couper les griffes (voir aussi « Et si… ? » nos 112, 117, 119, 121, 126, 128 133 et 135).

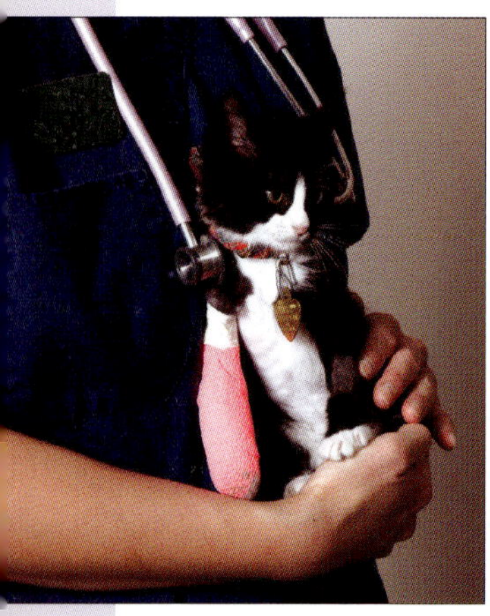

Ci-dessus : *La douleur peut rendre un chat agressif : manipulez-le avec douceur.*

Et si mon chat a la tête qui penche d'un côté ?

À droite : *Agissez rapidement si vous constatez un changement dans l'équilibre ou la position de la tête de votre chat.*

153 Après une otite externe non traitée, les chats peuvent souffrir de maladies de l'oreille moyenne, lesquelles altèrent l'équilibre. Ils sont également sujets au syndrome vestibulaire, qui se déclenche de manière soudaine. Ses causes restent inconnues mais il existe un traitement relativement efficace.

Les chats âgés sont aussi très vulnérables aux accidents vasculaires cérébraux et aux tumeurs du cerveau ; si vous avez le moindre doute, consultez sans tarder (voir aussi « Et si... ? » n°s 136 et 154).

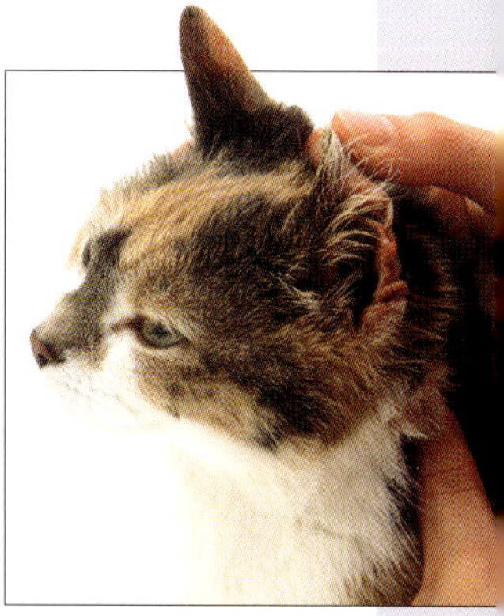

Et si mon chat vacille et tombe ?

154 Affaiblissement général et fragilité de l'appareil locomoteur sont le lot de nombreux chats âgés. Si votre vétérinaire n'a pas décelé de maladie ou de douleurs, ne vous inquiétez pas et faites simplement en sorte que votre chat ait un maximum de confort.

Parmi les autres causes d'une démarche chancelante ou d'une chute soudaine figurent les chocs, les accidents, les empoisonnements et les infections aiguës ; ***procédez aux mesures d'urgence et consultez votre vétérinaire*** (voir aussi « Et si... ? » n° 114, 117, 118, 136 et 156).

Et si mon chat semble avoir une attaque ?

155 Les convulsions sont un spectacle difficile à supporter, mais, fort heureusement, les chats ne se rendent généralement pas compte de ce qui leur arrive. Les symptômes sont variables mais se traduisent souvent par une désorientation suivie d'une chute et d'un pédalage des pattes, qui peuvent être complètement rigides si l'animal repose sur le côté.

L'épilepsie, l'ingestion de substances toxiques, les lésions à la tête et les maladies du cerveau sont les principales causes de ces crises. Dans ce cas, n'intervenez que modérément en cherchant surtout à limiter la quantité de stimulations reçues par le système nerveux de l'animal :

- Éteignez la radio, la télévision et la lumière.
- Fermez portes et fenêtres et tirez les rideaux.
- Éloignez tout objet sur lequel votre chat pourrait se blesser.
- Étendez une couverture afin qu'il s'y repose.
- Gardez-le au chaud, mais sans excès.
- ***Appelez votre vétérinaire ;*** décrivez-lui la situation en incluant toute cause potentielle, comme l'utilisation récente de produits chimiques à la maison ou au jardin.

À droite : *Les interventions d'urgence peuvent parfois sauver une vie. Demandez conseil si votre chat semble avoir une crise ; votre vétérinaire vous dira quelles mesures prendre et comment le transporter jusqu'à la clinique.*

Et si mon chat est vieux ?

156

Les vieux chats, ceux qui sont âgés de plus de huit ou dix ans, sont plus vulnérables aux maladies et tout particulièrement aux affections des principaux organes et systèmes telles que :

- Maladies cardio-vasculaires
- Maladies cardiaques
- Hypertension
- Thrombose iliaque – lorsqu'un caillot bloque le flux sanguin et l'empêche d'irriguer les pattes arrière. ***Il s'agit d'une urgence médicale,*** très douloureuse et parfois mortelle. Les chats miaulent, traînent les pattes arrière, qui deviennent froides, rigides ou flasques, ou s'écroulent. S'ils ne sont pas traités, ces animaux souffrent et peuvent être victimes d'insuffisance respiratoire. La chirurgie n'est pas toujours efficace, et même si les traitements médicaux ne cessent de s'améliorer, l'euthanasie est parfois la seule solution envisageable. Ceci est malheureusement fréquent lorsque l'animal est atteint d'un cancer ou qu'il souffre des reins ou du foie.

Les chats âgés peuvent également être sujets à des maladies endocriniennes, notamment :

- Diabète
- Hyperthyroïdisme – affection dans laquelle l'hypertrophie bénigne de la glande thyroïde entraîne une production excessive d'hormones, se traduisant par une « accélération » générale et des changements de « personnalité » : hyperactivité et agressivité non caractéristiques, perte de poids, soif excessive et diarrhée. Une fois diagnostiquée, la maladie peut être traitée par voie médicamenteuse ou chirurgicale et nécessite parfois un traitement par iode radioactif pratiqué dans un centre spécialisé. Des visites de contrôle régulières favorisent le dépistage précoce, et permettent de procéder aux analyses nécessaires afin d'établir un traitement complet. Bien sûr, les symptômes peuvent se manifester à n'importe quel moment, et si vous remarquez des changements inhabituels ou suspects dans le comportement de votre vieux chat, prenez tout de suite un nouveau rendez-vous avec votre vétérinaire.

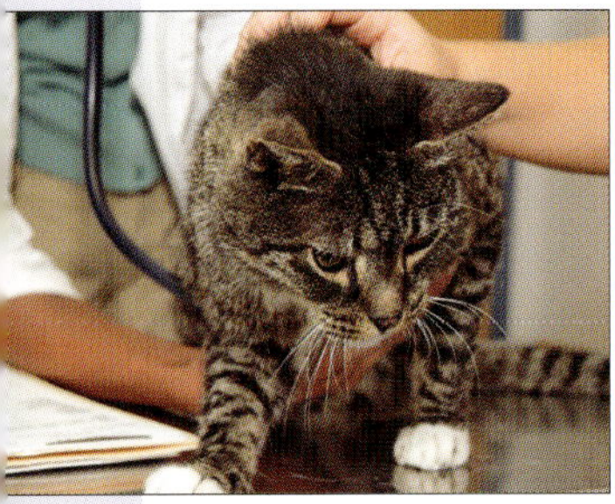

Ci-dessus : *Les visites de contrôle permettent aux vétérinaires de bien connaître les animaux âgés. Ils seront alors plus à même de repérer tout changement passé inaperçu aux yeux des maîtres.*

En outre, on a découvert récemment que les chats âgés étaient vulnérables à une affection proche de la maladie d'Alzheimer, que l'on appelle dysfonctionnement cognitif. Voici les principaux symptômes :

- Confusion
- Détérioration de la mémoire
- Désorientation
- Changements de « personnalité »
- Perte des habitudes, absence de toilettage, désintérêt
- Troubles du sommeil
- Miaulements

Comme il n'existe pas de test, le diagnostic se fait par l'élimination et/ou le traitement adéquat d'autres problèmes pouvant provoquer des changements comportementaux. Il n'existe pas non plus de traitement curatif mais l'on peut aider le chat affecté en lui administrant des antioxydants et en veillant à lui assurer une qualité de vie aussi bonne que possible (voir aussi « Et si... ? » nos 128-131, 134, 135, 138, 144-148, 152, 153 et 155 ; consultez également la partie 6).

Et si mon chat doit être euthanasié ou meurt à la maison ?

157 Tout le monde espère que son chat bien-aimé mourra paisiblement dans son sommeil à la maison, mais hélas, c'est rarement le cas. Pour la plupart d'entre nous, accepter l'idée que notre compagnon souffre, ou que sa qualité de vie n'est plus acceptable, fait partie de nos devoirs de maîtres responsables. Aussi difficile qu'elle puisse être, la décision de le « laisser partir » est un ultime acte d'amour et devrait toujours incomber au maître, même si les vétérinaires sont là pour aider et conseiller. La plupart des maîtres tiennent à exécuter la procédure – une intraveineuse qui arrête rapidement le cœur – chez eux. Certains, toutefois, préfèrent emmener leur animal à la clinique, où le personnel tiendra compte des préférences individuelles en décidant d'un rendez-vous à un moment tranquille, et en laissant les clients attendre avec leur animal dans une pièce privée, aussi bien avant qu'après son décès.

C'est à vous qu'il reviendra de choisir – en fonction des lois locales – le mode d'inhumation (chez vous ou dans un cimetière pour animaux) ou de crémation. Prévoyez les choses à l'avance, afin que tout le monde s'accorde sur la démarche à suivre et que personne ne regrette des décisions prises en plein désarroi, notamment s'il s'agit d'une mort soudaine.

À gauche : *Les chats âgés ont une qualité de vie bien supérieure à ce qu'elle était jadis.*

Ci-dessous : *Faire « endormir » son chat n'est jamais facile, mais c'est souvent la meilleure preuve d'amour d'un maître.*

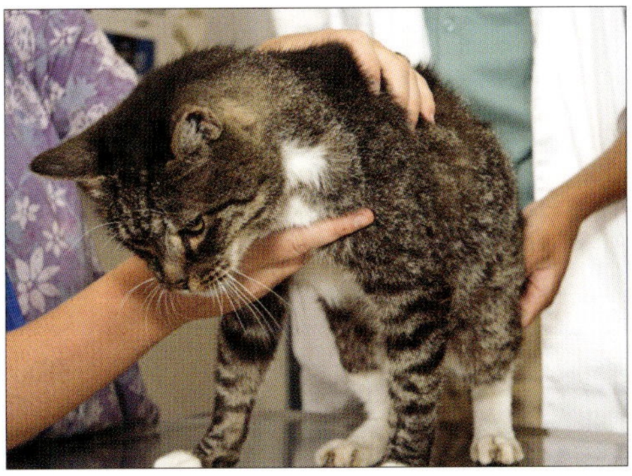

LE CHAT ÂGÉ

PARTIE 6

SOMMAIRE

Et si mon chat… ?

INTRODUCTION

De nos jours, les chats bénéficient d'une durée de vie remarquable. La qualité des soins a nettement progressé et l'on comprend mieux maintenant les maladies dont souffrent les vieux chats. On estime qu'environ 30 % de la population féline est constituée de sujets âgés, c'est-à-dire de plus de 8-10 ans, ceux atteignant 15 ans ou plus relevant de la gériatrie. Nous pouvons donc profiter longuement de leur compagnie et quelques notions sur les changements qu'ils subissent avec l'âge nous aideront à rendre leurs dernières années plus faciles à vivre.

Et si mon chat semble devenir sénile ?

À gauche : *Un vieux chat peut commencer à devenir physiquement sénile, mais des soins attentifs lui rendront la vieillesse tout à fait supportable.*

158 Les maîtres de chats âgés sont souvent choqués de s'entendre dire que leur animal présente des signes de détérioration mentale. Il s'agit d'une maladie appelée **dysfonctionnement cognitif**, comparable à la maladie d'Alzheimer chez les humains. De nombreux chats montrent déjà des signes de déclin cognitif au moment où ils passent le cap du « troisième âge », tandis que d'autres ne deviennent séniles que beaucoup plus tard. Quelques indicateurs devraient pouvoir vous alerter (voir aussi « Et si… ? » n° 156).

Si vous remarquez des symptômes de dysfonctionnement et que votre chat est âgé, demandez conseil à votre vétérinaire. Des régimes alimentaires spéciaux et des médicaments peuvent améliorer son état, ou au moins ralentir la progression de la maladie.

Comparatif d'âge chat/homme

Âge du chat	Équivalent chez l'homme	Âge du chat	Équivalent chez l'homme
1	15	11	60
2	24	12	64
3	28	13	68
4	32	14	72
5	36	15	76
6	40	16	80
7	44	17	84
8	48	18	88
9	52	19	92
10	56	20	96

Et si mon chat ne dort plus sur sa couche habituelle ?

159 Les vieux chats dorment plus que les jeunes, et ont besoin de se sentir au chaud et en sécurité. C'est pourquoi ils s'installent souvent loin des courants d'air et aussi près du feu ou du radiateur que possible. Proposez à votre chat des couches confortables et facilement accessibles, car il n'est peut-être plus capable de grimper très haut ou de sauter à terre au réveil. Une couverture placée dans un carton (avec une entrée sur le côté) peut le protéger des courants d'air, tandis que des repose-pieds ou plates-formes pour chats pourront l'aider à accéder aux endroits surélevés. Un chat âgé aime tant la chaleur qu'il s'approche parfois trop du feu, au risque de roussir ou de se brûler : incitez-le à s'installer dans un panier confortable placé en lieu sûr. Soyez prêt à réaliser quelques aménagements dans votre maison et à accepter les changements d'habitude de l'animal vieillissant.

Et si mon chat miaule très fort ?

160 Les causes d'une forte vocalisation peuvent varier d'un chat à l'autre. Si votre chat a toujours beaucoup miaulé mais que ses miaulements sont récemment devenus plus bruyants, c'est peut-être qu'il devient sourd. D'autres chats atteints de dysfonctionnement cognitif peuvent miauler quand ils se sentent perdus. Ils sont désorientés au réveil et miaulent jusqu'à ce qu'ils repèrent leur maître ou que celui-ci vienne à eux. Si la vocalisation est subite, consultez votre vétérinaire qui pourra déterminer s'il s'agit d'une gêne ou d'une douleur.

Et si mon chat ne se toilette plus comme avant ?

Ci-dessus : *Un vieux chat a vite fait d'avoir l'air négligé.*

161 À mesure qu'il vieillit, un chat peut éprouver des difficultés à entreprendre sa séance de toilettage. Les plus vieux et les plus faibles peuvent même y échouer totalement. En outre, certains chats devenus obèses ne peuvent plus se pencher et atteindre certaines parties de leur corps. Si c'est le cas de votre chat, envisagez un régime alimentaire avec votre vétérinaire, car l'obésité est associée à de nombreuses pathologies. L'arthrite et les problèmes buccaux peuvent aussi décourager votre chat de se nettoyer, et votre vétérinaire saura vous conseiller. Il vous faudra probablement prendre son toilettage en charge, afin que sa peau et son pelage restent en bon état. Le pelage, en effet, nécessite d'être entretenu afin que le sébum se répartisse uniformément ; sinon, il deviendrait terne et ébouriffé.

Il pourra également être utile de couper les griffes de votre chat, car la diminution de l'activité physique fait que les griffes ne s'usent pas suffisamment. Ainsi, vous éviterez que votre animal ne se prenne les pattes dans vos vêtements, vos tapis ou votre literie.

Et si mon chat fait ses besoins au mauvais endroit ?

162 Nombre de vieux chats ont du mal à grimper dans leur bac à litière et commencent ainsi à se soulager à côté. Il arrive souvent qu'ils souffrent des hanches ou des articulations, mais ils auront tendance à cacher le problème de sorte que vous ne les verrez jamais boiter. L'âge affecte également le contrôle de la vessie et votre chat n'a peut-être plus la capacité d'arriver à temps à sa litière. Mettez plusieurs bacs à sa disposition, afin qu'il puisse en atteindre un rapidement. Un bac à bords bas placé dans un carton ouvert sur le côté, ou une boîte de rangement en plastique découpée sur un côté sont deux options possibles pour aider un chat âgé. Le fait qu'il y ait des bords et que l'espace soit plus important peut éviter des accidents si votre chat a du mal à s'accroupir.

Et si mon chat devient sourd ?

163 Si votre chat n'entend plus, il vous faudra peut-être procéder à des changements dans vos habitudes. Les premiers symptômes sont la facilité avec laquelle votre chat est surpris ou alarmé. Ne vous entendant plus, il devient anxieux et sursaute lorsqu'il vous voit surgir à ses côtés. Essayez dans ce cas de provoquer une vibration qui l'avertisse de votre présence. Vous pouvez taper des pieds ou frapper dans vos mains, faire claquer une porte ou laisser tomber quelque chose sur le sol.

Vous remarquerez peut-être aussi que votre chat n'ose plus sortir de chez vous. Si vous avez peur qu'il se perde ou ne vienne pas quand vous l'appelez, sachez qu'il existe dans le commerce un collier qui, quand vous l'activez, ***émet un bruit vous permettant de localiser l'animal***.

Si votre chat continue de sortir, vérifiez toujours qu'il n'est pas derrière votre voiture quand vous démarrez et demandez à vos voisins d'être vigilants. Un chat sourd, en effet, est très vulnérable aux accidents de la route.

Et si mon chat perd la vue ?

164 Avec l'âge, la vue décline ; cela se produit également chez les chats. Montrez-vous indulgent et essayez de maintenir intacts ses habitudes et son environnement. Ne déplacez pas vos meubles trop souvent, car l'animal compte sur son cadre familier pour évoluer dans la maison.

N'oubliez pas que votre chat ne peut plus vous voir venir et ne s'écartera donc pas toujours sur votre passage. Il ne pourra pas non plus réagir aux avertissements des autres chats : surveillez ses contacts avec les autres animaux. Utilisez votre voix (s'il n'est pas sourd) pour l'aider à vous localiser.

À droite : *Évitez de perturber les habitudes d'un chat malvoyant ou aveugle, et conservez chez vous des objets portant son odeur afin qu'il se repère et se sente en sécurité.*

INDEX

Remarque : les numéros de page en *italiques* renvoient aux illustrations ; les numéros de page en **gras** renvoient au sujet d'une rubrique « Et si… ? ».

N

O

CRÉDITS PHOTOGRAPHIQUES

Bayer HealthCare : 109 en bas à gauche et au milieu, 140 au milieu à gauche, 140 en bas, 144.

Jane Burton, Warren Photographic : 23 au milieu à gauche, 24 les deux photos, 25 les deux photos, 26 au milieu à gauche, 33 les deux photos, 34 en haut, 37 au milieu à droite, 41 en haut, 41 en bas à droite, 42 en bas à droite, 45 en haut à droite, 45 en bas, 46 en bas, 47, 51, 57 en haut, 66 en haut, 70 en haut (chat), 77 en bas, 80 en haut, 82 en haut, 88, 90 les deux photos, 91, 92 en haut, 95 au milieu, 97 en bas à droite, 123 en bas, 125 en bas, 127 en haut à gauche, 128 en haut à gauche, 129 en haut à gauche, 132 en haut à gauche, 133, 134 en haut à gauche, 135, 137 en haut, 140 en haut à gauche, 141, 145 en bas à gauche, 146 en haut à gauche, 147 les deux photos.

Interpet Archive : 44, 49 au milieu, 61 en bas à droite, 66 en bas, 103 en haut à droite, 105 en haut à droite, 108, 131.

iStockphoto.com : Terry Adams : 50. Gregory Albertini : 29 au milieu à droite. Manon Allard : 142. Douglas Allen : 138 au milieu. Andsem : 101 en haut. Stephanie Asher : 112 en bas. Irina Bachinskaya : 55 en bas, 93 en bas. Joe Belanger : 118 en bas. Daniel Bendjy : 107 en haut à gauche. Grigory Bibikov : 97 en bas à gauche. Maria Bibikova : 29 en haut à gauche, 56 en haut à gauche, 129 en bas à droite. Braddy : 113 en haut. Hilary Brody : 132 en bas à gauche. Tony Campbell : 27 en bas au milieu, 31 en haut à gauche, 56 au milieu, 65, 83 en bas, 109 en haut. catman73 : 17 en haut à gauche, 71 en haut. Yungshu Chao : 21 en haut à gauche. Michael Chen : 19 en haut. Katerina Cherkashina : 23 en haut, 84 en haut (chat). Costin T : 60 en bas. Claudia Dewald : 60 en haut. DGID : 28 en haut à gauche. Sharon Dominick : 143 les deux. dra_schwartz : 130. Lisa Eastman : 14. Irina Efremova : 99 en bas à droite. Sarah Fields : 26 en bas. Angus Forbes : 99 à gauche. Daniel Gale : 71 en bas à droite. Eric Gevaert : 68 en bas. Globe Photo : 148 en bas à gauche. Johanna Goodyear : 153 au milieu à gauche. Jerko Grubisic : 79. Memet Salih Guler : 92 en bas. Mark Hayes : 81 en bas. Joanne Harris/Daniel Bubnich : 107 en haut à droite. Mark Hayes : 146 en bas à gauche. Barbara Henry : 53 en bas à gauche. Stefan Hermans : 57 en bas, 95 en haut à droite, 114 en bas à droite. Ralf Hirsch : 41 en bas au milieu. Eric Isselée : 17 en bas à droite, 21 en haut à droite. Jeff Jenson : 64. Joe_Potato : 31 en bas à gauche, 137 en bas à gauche, 148, 149 en bas à droite. Derek Jones : 59 en bas à gauche. Sveta Kashkina : 15 en haut. Murat Giray Kaya : 82 en bas. Leslie Keating : 23 en bas à gauche. Robert Kirk : 120. KMITU : 104 en haut. Jason Koenig : 106. Andrea Krause : 19 en haut. Simon Krzi : 78 au milieu à gauche. Zsolt Langviser : 123 en haut. Karin Lau : 55 en haut (chat). Kate Leigh : 27 à droite. Chiya Li : 74, 136. Avishay Lindenfield : 121 en haut. Shannon Long : 134 en bas à gauche. Martin Lovatt : 100. Susana Machado : 17 au milieu à gauche. Sue McDonald : 35. Denise McQuillen : 43. Tara Minchin : 22. Martina Misar : 126. Slobo Mitic : 95 en haut à gauche. Kay Nieuwenhuis : 42 en bas à gauche. Andrew Nokes : 77 en haut. Sandra O'Claire : 117. Jennifer Oehler : 71 au milieu à gauche. Jeff Oien : 52-53, 73 en haut, 96. Rafal Olkis : 75 en haut. pederk : 103 en haut à gauche. Fielding Piepereit : 41 en bas à gauche. Oleg Prikhodko : 15 en bas. Svetlana Prikhodko : 86 en haut à droite. Achim Prill : 81 en haut. Olaru Radian-Alexandru : 17 en bas à gauche. Jon Rasmussen : 58. Ronen : 95 en bas. Robert Rushton : 30 au milieu à gauche. Pavel Sazonov : 122 en haut. Jon Schulte : 76, 127 en bas à droite. Maksim Shmeljov : 18 en haut à gauche. Ekaterina Shvigert : 21 au milieu à gauche. Nico Smit : 18 à droite. Dwight Smith : 16. Vicki Stephenson : 49 en bas à droite. Andrey Stratilatov : 93 au milieu. Marzanna Syncerz : 101 en bas. Thepropshoppe : 89 en haut. Willie B. Thomas : 45 en haut à gauche. Lidija Tomic : 42 en haut à gauche. Audrey Toutant : 114 au milieu. Nikolai Tsvetkov : 21 au milieu à droite. Tomasz Tulik : 53 en bas à droite. Emrah Turudu : 84 en haut (main). Jan Tyler : 139 en haut à gauche. Inge van de Meeberg : 37 en haut à gauche. Alberto Perez Veiga : 89 en bas. Angelo Villaschi : 21 en bas à gauche. Beverley Vycital : 34 au milieu à gauche. Walik : 70 en haut à gauche. Dave White : 48. Frances Wicks : 36. Elena Zapassky : 115 en bas.

Merial Animal Health Ltd : 145 en haut, 145 au milieu à gauche.

Shutterstock Inc. : Aceshot1 : 115 en haut. AGphotographer : 75 au milieu. Trevor Allen : 105 en bas. Anita : 49 en bas à gauche. Ryan Arnaudin : 68 en haut. Avesun : 80 en bas à gauche. Mark A. Bond : 151 en bas à droite. Tony Campbell : 31 en bas à droite, 97 en haut à droite, 122 au milieu à droite. Sarah Cates : 102 en haut. Lars Christensen : 112 au milieu à gauche. Drilea Cristian : 99 au milieu à droite, 153 en bas à droite. Ross Dailey : 46 en haut. Anna Dickie : 118 en haut. Diane N. Ennis : 59 en bas à droite. Stephen Finn : 78 en haut. Glen Gaffney : 87 au milieu. Stefan Glebowski : 99 en haut. Johanna Goodyear : 85 en haut. Ramzi Hachicho : 102 en bas. Margo Harrison : 32. J. Helgason : 61 en bas à gauche. Nicole Hrustyk : 69 en bas. Iofoto : 119 en bas à gauche. Ovidiu Iordachi : 69 en haut. Eric Isselée : 85 en bas. Frenk et Danielle Kaufmann : 138 en bas. Clarence S. Lewis : 104 en bas. Hannu Liivaar : 119 en bas au milieu. Polina Lobanova : 125 au milieu. Matt : 55 en haut (valise). Vladimir Melnik : 152. Michelle Milano : 20. Elicia Murdoch : 54 en bas. Antonio Jorge Nunes : 80 en bas à droite. ORKO : 111 à gauche. Mark William Penny : 121 en bas. Perrush : 151 en haut. Pichugin Dmitry : 121 au milieu. Plastique : 39. Robert Redelowski : 75 en bas. Robynrg : 62 en haut. Kristian Sekulic : 30 en bas. Olga Shelego : 113 en bas. Dwight Smith : 13. Gina Smith : 27 en bas à gauche. Andrey Stratilatov : 63, 110. Suponev Vladimir Mihajlovich : 73 en bas. Magdalena Szachowska : 87 en bas. Jozsef Szasz-Fabian : 28 en bas à gauche. Ferenc Szelepcsenyi : 54 en haut. Denis Tabler : 128 en bas à gauche. Nikolay Titov : 111 en bas au milieu. Simone van den Berg : 67. Zavodskov Anatoliy Nilolaevich : 150. Zoom Team : 86 en haut à gauche.